L'info, c'est rigolo

Les Nuls

L'info, c'est rigolo

CANAL+ EDITIONS

85/89 quai André Citroën 75015 Paris
ISBN : 2-226-05999-7

"Cinq ans d'Information :
Plus qu'un métier, un sacerdoce."

PÉNÉLOPE SOLETTE

"Sans parler des 30% d'abattement
sur les impots."

MAURICE CHEVALIER

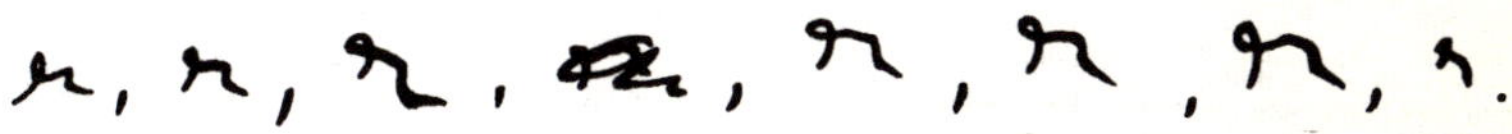

DOMINIQUE FARRUGIA

LE
JTN

Bonsoir, je suis Bruno Carette.
Bonsoir, je suis Chantal Lauby.
Bonsoir, je suis Alain Chabat.

Tous ces titres ne seront pas développés dans cette édition de…

SEPTEMBRE

RETOUR DE VACANCES
Les survivants racontent.

SOCIAL
Le trou de la Sécu n'est pas prêt de se combler. Une phrase qui peut prêter à sourire et qui donne prétexte à de nombreux jeux de mots salaces que nous ne développerons pas aujourd'hui..

ASSEMBLÉE
La session parlementaire extraordinaire s'est achevée hier soir. Finalement, c'était très quelconque.

ÉLÉMENTAIRE
De chiffres éloquents. Au 1er septembre, la population pénale dépassait 52 000 détenus. Près de la moitié des personnes emprison-

nées sont des prévenus, soit 26 000. Quand on sait qu'une personne prévenue en vaut 2, le calcul est simple : 52 000 + 26 000 x 2 = 104 000.

TRANSSEXUALITÉ
C'est aujourd'hui l'Education nationale qui est touchée. 32 maîtresses de la région parisienne décident de se faire maître.

CINÉMA
Après le succès du film "On ne fait pas d'omelette sans casser", les producteurs exploitent le filon et tournent "On en fait pas d'omelette sans casser 2".

COUILLE
Non...
BOURSE !
Ce matin, à l'ouverture de la Bourse, la morale était à zéro et on a pu constater l'effondrement des valeurs françaises.
En effet, "Travail, Famille, Patrie" perd 2 %.
Le service perd 5 %.
La savonnerie Lechat perd 100.
Hersant le perd ainsi, que le PMU qui pur-sang.

CAISSE DES ÉCOLES
Ce seront des 404.

Irangate

Procès Irangate : tout le monde s'est démerdé pour être innocent.

Sondage

Le Pen hisse mais Barre baisse.

Déraillage

A Villeneuve-St-Georges, un train entre sans crier gare : 123 morts.

Justice

Scandale des revêtements de sol : le parquet se retire de l'affaire.

Mode

Le Vatican lance le nœud pape.

Incroyable

Oui, totalement incroyable ! Le genre de nouvelles où l'on ne peut s'empêcher de penser que, ma foi, la fiction dépasse la réalité. Ce matin, un homme a essayé d'arrêter un train avec sa tête. Et chose totalement incroyable, il a réussi à se tuer.

Boulangerie

Massacre aujourd'hui dans une boulangerie marseillaise. Cinq jeunes gens aux crânes

rasés, armés de manches de pioche, se sont déchaînés sur quelques croissants, millefeuilles et autres religieuses.
Les skinheads ont déclaré qu'ils n'aimaient pas les croissants, ni les millefeuilles, ni les religieuses. Ils ont été arrêtés.

Révélation
Mona Lisa est un pédé. C'est ce qu'affirme un historien allemand, le professeur Von Ausfhart.
L'ancien garde du corps d'Hitler ajoute, je cite : "Ce juif nègre reconverti à la franc-maçonnerie d'obédience communiste a dû mourir du sida des artistes."

Pelote
Depuis six mois qu'elle avait les nerfs en pelote, une tricoteuse a fait une tentative de suicide. Après son acte, elle a simplement déclaré à la presse qu'elle en avait marre que son entourage lui dise : "Josiane, c'est un comble pour une tricoteuse d'avoir l'haleine fétide."

Chômage
Chiffres catastrophiques pour le mois de septembre. Pour la seule fédération de football, on compte plus d'un million de licenciés.

DRAME

Drame dans les locaux du célèbre quotidien "Libération", deux rédacteurs s'enflamment. Le journal s'écrase.

SPORT

Au championnat d'Europe de ping-pong en salle, c'est le Français, Secrétin, qui gagne un set de table.

BAGUETTE

L'illustre chef d'orchestre allemand Kurt Mohl divorce pour la quatrième fois. Sa femme déclare : "Il porte bien son nom." Le maestro, blessé dans son amour propre, décide de changer de nom. Il se fera appeler désormais : Long Dur.

CARNET NOIR

"Le journal pire est né", annonce le Meilleur.

MAIN COURANTE

L'homme ayant perdu un coup de poing américain après avoir violé une mineure dans un local à poubelles, après avoir volé une voiture en écrasant deux gardiens de la paix qui tentaient de s'interposer lorsqu'il a essayé de forcer le barrage dressé par le GIGN en lançant une grenade à billes qui a détruit un car de ramassage scolaire sur lequel elle avait roulé, cet inconnu est prié de venir chercher son coup de poing américain au commissariat du XVIIIe avant 18 h 30.

CHANCE

Plus de peur que de mal pour Alain Decaux. Je vous rappelle que l'historien doit une fière chandelle à l'EDF.

Alors qu'il était allongé par terre, pensant à la façon dont il allait pouvoir conter l'histoire de Joséphine de Beauharnais, il fut pris d'une crampe terrible qui l'empêcha de se relever. Il ne dut son salut qu'à l'arrivée de deux employés du gaz qui relevèrent le conteur.

ROSNY-SOUS-BOIS

Le PC perd les élections à Rosny-sous-Bois

INCENDIE DANS LE VAR

Un cycliste arrêté parce qu'il brûlait les étapes.

ON CROIT RÊVER

Evasion spectaculaire : 21 cellules s'évadent d'un prisonnier.

FAIT DIVERS

On cherche, pour avoir commis plusieurs

viols le mois dernier dans la région parisienne, un homme brun, âgé de 18 à 50 ans, taille : environ 18 cm.

Pub

Nouvelle-Cannelloni, c'est bon comme là-bas, dis !

Faits de société

Des goélands à Brest, quoi de plus normal en cette saison ?

L'ennui, c'est qu'on les compte désormais par milliers en ville et que la population brestoise commence a en avoir assez.

"L'oiseau se sédentarise", affirme le ministre de l'Environnement. Il cesse peu à peu d'être un oiseau de mer.

On en compte de plus en plus sur les trottoirs, les immeubles, les toits ou les antennes de TV.

Ils ont même déjà leur propre restaurant : le Livingstone.

Certains goélands cherchent déjà du travail et d'autres traînent désœuvrés.

Le Front National a proposé de les gazer, alors que le PS estime que ce nouvel électorat doit être pris en compte.

Pour le moment, on en est là. D'autres détails à 22 heures.

SALE AFFAIRE

Les parents indignes, ça existe. Hier encore, une jeune douche célibataire de 15 ans a abandonné son bidet dans une décharge publique. Le bidet, âgé de deux semaines, a pu être sauvé par un clochard qui, voyant que le robinet d'eau chaude coulait encore, a pu donner l'alerte. Je vous rappelle qu'il y a une semaine, c'est une baignoire italienne qui fuyait, après avoir ébréché gravement son lavabo. Le petit lavabo trouvé dans un local à poubelles avait du être amputé du siphon et l'on ne sait toujours pas s'il pourra remarcher.

SPORTS

Sports, maintenant : championnat d'Europe. Les épreuves de centathlon commencées il y a deux ans, se termineront en janvier 93 par le 50 mètres à genoux.Et puis, en athlétisme, c'est le militaire anglais Tomson qui gagne le pentathlon moderne, le Français Michu, seconde place, gagne le pentathlon de clown.

SUMO

Devant le résultat très médiocre d'un jeune écolier japonais en sumo, ses parents ont décidé de se séparer de lui et de l'envoyer en pension alimentaire.

Radio Fresnes
Radio Fresnes lance sa nouvelle grille de rentrée.

Les goûts et les couleurs
Un ouvrier de couleur tombe dans un égout.

Con-pacte
Con-pacte, c'est le nom du contrat imbécile passé entre Philips et Hitachi.

Sida
Restez couverts.

Lévrier afghan
Les lévriers afghans se révoltent et prennent le maquis. Dressés à la lutte anti-chars, les chiens ivres investissent villes et villages à la faveur de la nuit pour pisser sur les chenilles infidèles.

Compressés
Le sculpteur César obtient l'exclusivité de l'exploitation artistique des autoroutes Rhône-Alpes. Il pourra désormais signer les carambolages de son choix, exposer chaque automne les plus beaux modèles d'accident et décerner le César du meilleur carnage aux chauffards en présence des familles des victimes.

Censure
Les magazines “New Luc” et “Pinedhouse” sont interdits de vente aux mineurs. D’ores et déjà, la ville minière de Longwy appelle à une journée de protestation.

Economie
Jacques Delors l’a molle, mais Edouard Ba l’a dure.

Course au rhum
Le trimaran Bukowsky sombre dans l’alcool.

Quantubourres-sur-Yvette
Les matelas grincent.

Affaire du DC 12
De gros intérêts sont visiblement en jeu dans l’affaire du DC 12 qui s’est écrasé il y a une semaine, faisant 153 morts dont 7 grièvement. Interrogée sans relâche depuis plus de 48 heures par le Quai des Orfèvres, la boîte noire n’a toujours rien révélé. Harlem Désir demande qu’on la relâche.

Top secret
Si Mathias Rust, l’aviateur allemand, s’est posé sur la Place Rouge, c’est qu’il se croyait à Disneyland.

Bulles
Le sida en bande dessinée. C'est une heureuse initiative pour que nos chères têtes blondes comprennent que le virus, c'est méchant. Pour cela, un super-héros a été créé : Sperman. Super-héros de la grande tradition de Marvel et Strange, Sperman est présenté comme le défenseur de la vulve et de l'orphelin.

Justice
Une porte sort de ses gonds et s'effondre. Le parquet porte plainte.

Chantage
“Nous ne pouvons plus travailler dans ces conditions” a déclaré le professeur Brousi, après la diminution de 30 % du budget du CNRS. Si le budget de la recherche n'est pas augmenté rapidement, les chercheurs menacent de trouver.

Drame de la route
Après 12 heures de route, Jacques Latouffe s'endort et perd le contrôle de son véhicule. C'est alors qu'il percute de plein fouet la voiture de Bertrand Burnacle, un militaire de Strasbourg. Les deux conducteurs ont été tués sur le coup, ainsi que Irène Ponjart qui était pourtant à plus de 250 kilomètres de

l'accident. La police pense qu'il n'y a aucun rapport entre les deux affaires.

TENDANCE

Le sida entre en bourse.

ÉVASION

Au parti communiste : 21 communistes s'évadent d'une cellule.

MYSTÈRE

Le mystère plane toujours sur l'affaire Strassemberg. Visiblement, ce n'est pas la boiteuse qui a fait le coup. "Ça ne tient pas debout" dit la police. Ni, faute de preuves, les deux jumeaux muets qui ont été entendus ce matin.

Le commissaire Gneubrot chargé de l'enquête n'a pas réussi à déclarer : "Cette affaire est un ingroblio, ingloglio, grinlio..."

EN BREF

Attention aux ravions ! Encore un mort par piqûre d'insecte.

Un touriste qui se promenait dans la forêt varoise se fait piquer par un ravion et meurt avant l'arrivée des secours. Les pompiers ont mis le feu à 200 hectares de pinède pour brûler les nids d'ravions.

COCO, SOCIAL ENFIN

Drame de l'alcoolisme. Sous l'emprise de la boisson, une jeune mère de famille trépane son bébé en croyant que c'était un œuf à la coque.

LISIEUX

Un aveugle qui prétendait avoir vu une apparition arrêté et mis en garde à vue.

C.D.P.D.

Le secrétaire de la G.V.F.A. (ex U.L.D.R.) se retire. Après avoir été le patron dynamique de la K.P.U.D., puis de la S.N.N.C.P.R. (ex F.F.L.A.A.R.), il s'est occupé successivement de la SOFILEM, du C.R.A.S., du G.P.T.F.F.K. et ce, après son départ du S.G.U.E.G., du L.S.C.F.C.N., il déclare : "Vous ne m'aurez pas vivant."

MONACO

Proxénétisme au casino. Les dés sont pipés.

ÉMOUVANT

Un chien parcourt 800 kilomètres pour retrouver son maitre. Toby, un labrador de trois ans, est arrivé à Paris après trois semaines d'un trajet qui lui a fait traverser la France.

Epuisé, il s'est couché sur le paillasson familial pour attendre le retour de son maître qui était parti travailler.
Entendant le bruit familier de la voiture, Toby s'est relevé et s'est précipité en aboyant sur celui qui l'avait abandonné trois semaines plus tôt. Il l'a mordu à plusieurs reprises avant de partir en paix avec sa conscience.

HOMOSEXUALITÉ
L'escalier est dans le concierge.

TRIPLÉS
Prix péridurale à la clinique du château de Vincennes.
Il fallait accoucher, dans l'ordre, Roger, Mireille et Fabrice.

TCHERNOBYL-SUR-SEINE
Nogent-sur-Seine égale Tchernobyl ?
"Sûrement pas, déclare l'EDF, c'est pas demain que Nogent votera communiste."

QUE CHOISIR
"Que choisir" a testé les peep shows. 50 millions de cons sont mateurs.

ENTRACTE
Croyant sucer un bonbon menthe-réglisse,

un dompteur myope s'étouffe avec un pingouin.

DRAME DE L'ALCOOLISME
Un père de famille aveuglé par l'alcool et la jalousie abat sa femme qui venait de lui donner des jumeaux. Le meurtrier a déclaré : "Y'a deux mômes et j'ai tiré qu'un coup."

MOSCOU
Un éminent mathématicien soviétique qui souffrait terriblement des reins avait reçu l'autorisation de quitter son pays pour se faire soigner à l'Hôpital américain de Paris. De retour sur sa terre natale et ce, en pleine forme, la police soviétique l'a arrêté sans sommation. En effet, elle lui reproche d'avoir laissé ses calculs à l'ouest.

MIRACLE
Sur le bord d'un champ, un agriculteur paralysé depuis 20 ans s'est mis à danser devant ses vaches médusées. Il faut préciser que la barrière était, depuis peu, électrifiée.

ENVAHISSEURS
Roy Thinnes, le David Vincent de la série TV "Les envahisseurs", a été le témoin, la nuit dernière, d'une altercation entre deux

consommateurs dans un bar d'Albuquerque. Les deux buveurs se seraient insultés, puis en seraient venus aux mains pour finir par se jeter des tasses de café au visage. Roy Thinnes aurait même vu voler une soucoupe.

ERRATUM

Dans sa dernière lettre à François Mitterrand, Raymond Barre avait écrit : "Je suis un fervent adepte du PS." Il fallait comprendre, bien entendu, "post scriptum".

MASSACRE SANGLANT

Massacre sanglant à la Société Générale : 42 coffres éventrés.

RÈGLEMENT DE COMPTE

Règlement de compte à la Bourse de Paris, l'indic des prix balance monétaire.

POLLUTION

Le maire de Tendorpa-sur-Yvette, ville célèbre pour son pyralène, a déclaré : "Il n'y a aucun danger, regardez mon fils, il s'amuse beaucoup mieux depuis qu'il a trois bras."

RESTAURATION

Un maître d'hôtel dévoré par une table. Le drame s'est déroulé ce matin, alors que Jean

Glu tentait de dresser une table dont le restaurant venait de faire l'acquisition. Il avait réussi à lui mettre une nappe et la table semblait docile, nous a dit le directeur de l'établissement, quand il s'est approché avec les assiettes. La table a dû prendre peur. C'était une table rustique de campagne, habituée à vivre sans nappe... Le dresseur a été écrasé sur le coup.

CRASH

Un couple de la jet society s'écrase en plein vol de petits fours dans un salon bourgeois du XVIe.

FÊTE DES LOGES

La loge P2 est fermée pour travaux. On refait la franc-maçonnerie.

BAGUETTE

Le syndicat des boulangers homosexuels proteste : "Nos boulangeries sont comme les autres, déclare son président, chez nous aussi, on sert des miches."

FAIT DIVERS

Un jeune garçon de 12 ans décroche du mur du salon l'arme de son père. Un faux geste : 123 morts. L'arme, un tank, était chargée.

Bonsoir, je suis Bruno Carette.
Bonsoir, je suis Chantal Lauby.
Bonsoir, je suis Alain Chabat.

Tous ces titres ne seront pas développés dans cette édition de…

OCTOBRE

SOCIAL
Explosion démographique dans le mileu rural : 16 morts.

VIOL
Une retraitée ligotée, bâillonnée et volée de 7000 francs par un malfrat.
La retraitée également violée par le jeune voyou déclare : “C’est formidable, je n’y croyais plus.”

MERCI TONTON
Le malheureux qui avait été condamné à perpétuité pour avoir crié en public : “Avec Chirac, t’en chies et tu raques”, vient d’être gracié par le président de la République.

Erratum
Une jeune actrice a refusé de tourner dans une publicité de lessive car elle croyait devoir lécher le singe. Il fallait bien sûr lire sécher le linge.

Surprise du chef
Le cuisinier Bocuse a jeté son tablier après avoir déclaré à son client : “J’ai pané l’escalope, je vous conseille de vous cantonner au riz.”

Curieux
Devant un plombier, un lavabo a pris la fuite.

Relax
Le tribunal de grande instance de Marseille a relaxé sept détenus de la prison des Beau Mecs. Au programme, massage thaïlandais, sauna finlandais et bains turcs.

Pêche miraculeuse
Le plus gros soldat pêché à la ligne a été pris hier au large de Saint-Tropez. Il s’agit d’un magnifique marsouin de 1 m 80 caserné à Fréjus.

Beau port
Les vedettes américaines mouillent à Toulon.

En signe de protestations, les marins déchargent dans le port

Bourse
Un agent de change mordu par le serpent monétaire.

Scoutisme
Wonder décide de sponsoriser les éclaireurs de France.

Une fois !
Un automobiliste belge intégriste fanatique du code de la route vient de mourir de faim au volant de sa voiture à un carrefour de nationale où il respectait un stop depuis trois semaines

Le pire est arrivé
Une infirmière française dévorée en Ethiopie pendant son sommeil. Elle dormait dans un sac de couchage, les indigènes l'ont prise pour un colis de la Croix-Rouge.

Prostitution
Un client casse sa pipe en pleine action.

Justice
Des jumelles placées en garde à vue.

Acide
Attaque de l'estomac par les jus de fruits. Un citron inculpé.

Une phrase à méditer ce soir
Ce n'est pas parce que la coke est une drogue dure que l'œuf à la coque est un œuf dur.

Camping
Un campeur homosexuel plante sa tante et se casse le piquet.

Statistiques
La masturbation rend sourd, la peinture Rembrandt.

Métro-boulot-dodo
Yasmine à 18 ans. Elle est beur.
Chaque jour, elle affronte le froid et la bise du petit matin pour aller à la fac faire deux heures de TP. Ensuite, brisée, moulue, fourbue, elle rentre tard le soir dans son petit appartement du XVIIIe. C'est une dure journée de la beur !

Parkinson-le-glas
L'homme le moins drôle du monde pris d'une crise d'épilepsie ; il a fallu deux heures pour maîtriser le sinistre.

ESCROQUERIE À L'ASSURANCE

Une escroquerie à l'assurance, le cul-de-jatte était en cheville avec le pédicure.

CARNET MONDAIN

Aretha Franklin épouse James Bond alias Sean Connery. Pour l'état civil, elle deviendra Aretha Connery.

CHANGE

L'Allemand qui fabriquait des faux billets de 5000 lires s'est suicidé en constatant qu'il lui fallait 24 heures de travail ininterrompu pour s'acheter une baguette.

PARIBAS

La privatisation commence sérieusement à nous faire Suez.

PERDU DE VUE

Un amnésique qui s'était perdu de vue depuis des années se retrouve et ne se reconnaît pas. Une histoire qui ne laissera aucun souvenir dans les mémoires.

VIOL

Arrestation d'un arc qui a violé un piano à queue. “Ce n'est pas de ma faute, dit-il, il me faisait bander !”

CULOTTE
La chanteuse américaine qui avait des culottes très à la mode a été élue Madonna des slips in.

LOCH NESS
La chasse au Loch Ness interdite la nuit. On ne peut prendre Nessie avec une lanterne.

FOLIE DOUCE
Un dément arrêté sous l'Arc de Triomphe avec un masque à oxygène. Il menaçait de faire sauter le quartier. Il voulait tout simplement ranimer la femme du soldat inconnu.

NOS AMIES LES BÊTES
On vient d'apprendre la naissance au zoo de Vincennes d'un lapon, issu du croisement entre Francis Lalanne et Patrick Dupond.

GANG DES EGOUTIERS
Quatre malfaiteurs s'introduisent dans les sous-sols du Vatican et forcent les religieuses à coups de burin.

RINCE-DOIGTS
Et en rince-doigts, une révélation : c'est en plongeant une souris dans sa baignoire que Walt Disney découvre que Mickey mousse.

CULTURE
Une barque, un sphinx, un œil avec des vagues en dessous, plus un soleil souligné de trois barres, un rond et un crocodile de profil, c'est ainsi que Napoléon signait des autographes pendant sa campagne d'Egypte.

C'EST LA VIE
Un jeune homme avait oublié de jeter une capote usagée, et contre toutes les lois de la nature, le préservatif s'est développé normalement ; 25 ans plus tard, il vient d'entrer comme chercheur au CNRS.

DRAME DE LA PUBERTE
Dans la main d'un adolescent, le petit doigt a fait une fugue.
Les autres membres sont inquiets, il ne serait pas majeur.

RECORD
Un Allemand de l'Est vient de réussir la plus grande soupe froide du monde en jetant un poireau dans la Mer du Nord.

SOCIAL
Les policiers décident de banaliser leurs chiens.
Les bergers allemands et belges se promène-

ront désormais en civil avec un simple imper et des lunettes de soleil.

TRISTE NOUVELLE
Un petit lutin au chômage se suicide en se jetant du haut d'une girolle.

TRAGIQUE INCIDENT
Au salon de la voyance, une cartomancienne se tire une carte dans la tête.

JUSTICE
Le corbeau dénonce un faisan qui avait plumé un pigeon en lui vendant une fausse toile d'araignée.

PRISONS-LA
Les prisons sont bondées.
Pour remédier à cela, les autorités ont confié la construction d'un nouveau lot de prisons à l'entreprise Bouygues.
Le slogan est trouvé" : "Prisons Bouygues, des prisons d'évasion !"

RÊVE AMÉRICAIN
Décidément, il en fait rêver plus d'un ce fameux rêve américain. Partis de rien, certains bâtissent des empires. C'est le cas de ce branleur qui est devenu capitaine d'industrie

en trois mois.
Certaines mauvaises langues disent qu'il se serait fait à la force du poignet.

FAIT DIVERS
Ivre mort, Charles Martel, retraité, bat des Arabes à Poitiers.

PROSTITUTION
Trop pressée, une prostituée bourre sa pipe et se tue.

CHAUMAGE
Le syndicat des chaumeurs déclare : "Nous ne voulons pas payer l'ardoise ."

PRIX NOBEL DU PET
Nominé Misou Mizou.

BRAVO
Couronné premier département homosexuel : Ille-et-Vilaine.

JOHANNESBURG
Un Noir tué pour avoir tiré un chèque en blanc.

BAVURE
Le policier tapait son rapport directement sur

un suspect.
Il est inculpé pour faute de frappe.

SAHARA
Un eunuque empalé pour avoir tiré un cheikh.

C'EST LE PIED
Un unijambiste profitait de son infirmité pour faire l'amour avec sa jambe. Sa femme accouche d'un petit mollet très moignon.

FAIT DIVERS
Un salon trompe sa cuisine avec une chambre à coucher et lui fait deux lits jumeaux.

DÉVALUATION
Dévaluation monstre en Italie. Mini-lire, mini-prix et ça baisse un maximum.

SUPER CROIX
Monseigneur Lustiger a interdit les fécondations in vitro à l'hôpital Bon Secours à Paris. On a beau lui expliquer que celles-ci n'avaient aucun rapport avec les fenêtres de Notre-Dame, ça n'a servi à rien.

ACTEUR STUDIEUX
Contrairement à sa légende, Robert de Niro

ne se préparera pas longtemps à l'avance pour jouer dans "Mettez-moi sur le trône" le rôle d'Henry III.
Il a déclaré que c'est un personnage dans lequel il est facile d'entrer.

Fait divers
Madame T... était grosse, moche, conne, pauvre, noire, juive et cancéreuse. Elle vient de mourir du sida dans une poubelle et tout le monde s'en fout ...

Carnage aux Galeries Lafayette
Profitant de l'absence de la vendeuse, le rayon jouets pris de folie : un Big Jim viole trois Barbie devant Ken impuissant. Musclor intervient, tuant 27 schtroumpfs. Les Gobots s'en mêlent et c'est le carnage. Bioman et Gadget désintègrent les Ghost Busters, Albator prend un sabre au laser dans l'autre œil malgré les transmutations d'X-Or. La vendeuse, ahurie, mère de deux enfants, s'est fait virer. En rentrant chez elle, elle a brûlé tous les jouets et confié ses gosses à la DDASS.

Drame de l'alcoolisme
Sa chatte met à bas en même temps qu'elle. Une mère se trompe et noie ses quintuplés.

Aviation
Un des cofondateurs irlandais de la compagnie Aer Lingus vient d'être racheté. Il faudra attendre six mois pour que Aer disparaisse du logo de la compagnie au profit du nouvel actionnaire : Cuny.

En bref
Après avoir brûlé un pull rouge, un fer rate son permis, il demande à repasser.

Fusillade dans une boulangerie
Bilan : trois religieuses meurent sur le coup, deux flans entre la vie et la mort et une tarte sérieusement atteint.

Politique
Le Premier ministre Jacques Chirac vient d'annoncer ses dernières mesures : 1 m 85 pour 90 kgs.

International
Le cuisinier qui remplaçait les calamars par des "tongs", les pousses de bambou par des balayettes et le riz cantonnais par de la moleskine hachée avec de la bourre de coton vient d'être arrêté. C'est un habitué du restaurant qui a porté plainte après avoir chié une pagode.

SUCCÈS
400 mecs à la maure... pardon...

ÉCHEC
400 morts à la Mecque.

FÊTE DU DAUPHINOIS
Tout le gratin était là.

TIERCE
Prix de la quenouille : les officiels tentent de démêler l'écheveau.

PETITE BAVURE
Le CRS qui avait abattu Zoumali Karfi lors d'un contrôle de routine vient fort heureusement d'être relâché. Son permis de tuer était en règle.

DRAME DE LA ROUTE
Une cigarette se roule trop vite, elle est arrêtée et passée à tabac.

ÉTRANGE
Un loubard se fait piquer par une mob.

ÉTALON
85 % des jockeys considèrent que le cheval est la plus belle conquête de l'homme et 99 % des

femmes de jockeys considèrent que le cheval a une plus belle quéquette que l'homme. J'envie le 1 % qui n'est pas d'accord.

IRAN : ESCALADE DANS LE GOLFE.
La flotte française ayant jeté l'ancre, les Iraniens répliquent en jetant des stylos.

IRAN
A l'hôtel Hilton de Téhéran, huit touristes français sont détenus dans un ascenseur depuis ce matin. Selon un communiqué du Jihad, si la France ne cède pas à ses exigences avant 21 heures, l'ascenseur menace de descendre un étage tous les quarts d'heures.

MAISON BOUYGUES
L'appartement témoin se met à table.

PROPAGANDE
Tout va bien.

TÉLÉ DES AUTRES
Un Américain se tire dessus en direct. Emule de Roy Rogers, Paolo Fungsai, 50 ans, artiste peintre ruiné, avait, pensait-il, trouvé le moyen de faire parler de lui en direct dans le journal de 20 heures. Déguisé en Mme Météo, il sortit fourbement un pistolet qu'il

braqua sur sa langue. C'est alors que, devant des millions de télespectateurs horrifiés, il se retourna un ongle. Malgré la douleur envahissante, Paolo s'est excusé.

BOURSE
Les taux se resserrent.

RÉVÉLATION
Mona Lisa est un pédé.

ENCORE
Ronald Reagan, se plaignant de violents remugles nauséabonds, vient d'être réhospitalisé d'urgence.
Son anus artificiel aurait été monté à l'envers.

TRANSPORTS AÉRIENS
Grèves sans retombées.

AFFAIRE KODAK
Développement dans 24 heures.

GRÈVE À PLOUGASTEL
Le conflit dure de fraises.

DERNIÈRE MINUTE
Après avoir déclenché trois incendies criminels, la semaine dernière près de Monaco,

le fou des pinèdes, toujours en liberté, a frappé dans le Var. Changeant ses habitudes après chaque mauvais coup, il a profité de la nuit d'hier pour détruire 200 hectares de pins à la hache.

GRÈVE À TOULOUSE
Le conflit d'oie cesser.

TIERCÉ
Prix du Vatican.
Il fallait jouer dans les ordres : le Pape, l'archevêque et l'évêque.

OURAGAN
Stéphanie de Monaco qui enregistre en ce moment dans un studio parisien est de plus en plus accaparée par son nouveau métier de chanteuse. Elle déclare : “J'ai un pied à Paris et un autre à Monaco.” On plaint les Lyonnais.

APARTHEID
Emeute en Afrique du Sud : à Johannesburg, le bilan est évocateur. Hécatombes chez les Noirs, mais assez peu de pertes blanches.

110 MÈTRES HAINE
Dans le 110 m haine, Johnson a battu Lewis

qui s'est vengé en battant, à son tour, Jean-Paul qui rigolait à côté. Voyant qu'on battait son copain, Loulou a sorti son cran d'arrêt et a planté Lucien qui a lui-même profité de son séjour à l'hôpital pour dérouiller une infirmière... Ce qui ne change rien à la victoire de Johnson.

ACCIDENT DE TELESIEGE

Un jeune homme de 25 ans s'est grièvement blessé en s'asseyant sur son téléviseur qui a immédiatement implosé.Il était 13 heures lorsque, sous le choc, la mire du journal de la Une se planta dans sa fesse droite. Le jeune homme souffrait énormément.Pendant son transfert à l'hôpital, on constata que son fessier était constellé de milliers de petits bouts de verre qui provenaient d'une paire de lunettes. Aux dernières nouvelles, Yves Mourousi serait à la recherche de la monture.

CONCOURS VILLES FLEURIES

Fête de la dépotation.

REIMS

Arrestation d'un bûcheron trafiquant de haches.

MÉTÉO

Soleil, c'est pas son rayon.

Routine

Examen de routine pour Ronald Reagan, bien que son bulletin de santé soit tout à fait satisfaisant.

Malheureusement, le président américain n'aura vraisemblablement pas le temps de se plier à ce check-up, c'est pourquoi il a fait envoyer son rein droit, son côlon gauche et sa prostate latex directement à l'hôpital sans passer par la case départ. Et sans toucher 20000 francs, me demandez-vous ? Hé bien, ma foi, l'histoire ne le dit pas.

Tabagisme

Un Belge roué de coups dans un terrain vague. Un couple de gitans a été arrêté. Le mari a déclaré : "Ce type a essayé de fumer ma femme." Le Belge rétorque pour sa défense qu'il voulait juste tirer une taffe de la gitane.

Versailles

Un mouton errant s'est attaqué à un vélo. Nous vous rappelons que la culture du pavot est interdite en France.

Bourrette

Drame de la bourrette. Le mystérieux assassin qui attire ses victimes avec une bourrette a sévi dans le XVIIIe. L'homme, d'une trentaine d'années, pousse un cri strident en tuant sa victime. "Bourrette !" hurle-t-il comme une incantation à la bourrette. Notons qu'un suspect a été appréhendé boulevard Suchet ce matin. Il avait une bourrette à la main, mais ce n'était pas la bonne.

MARCHÉ COMMUN
La Belgique refuse de faire entrer ses bateaux dans le tunnel sous la Manche.

CHAMPIONNAT DU MONDE
En ice-cream, vanille a battu chocolat.

SPORT PASSION
Scandale dans le monde du football féminin
Les entraîneurs font payer les passes.

Bonsoir, je suis Bruno Carette.
Bonsoir, je suis Chantal Lauby.
Bonsoir, je suis Alain Chabat.

Tous ces titres ne seront pas développés dans cette édition de...

NOVEMBRE

BOULES
Enfin, lors du dernier tirage du loto, le loto a déclaré : “J’ai été bien tiré et j’attends mardi prochain avec impatience...”

SPECTACLE
Voulant imiter Madonna, une chanteuse belge a été hospitalisée après son gala. En effet, lorsqu’elle a jeté sa petite culotte, elle était encore dedans.

C.S.A.
Une nouvelle victime de la bande FM : Radio Cuisse a été écartée.

AUX CHIOTTES, L'ARBITRE!
Klaus Hamoil, arbitre ouest-allemand, a été retrouvé mort, noyé tout habillé, dans les toilettes du stade Schmeterlink à Bonn. La thèse du suicide est maintenant exclue. On

vient, en effet, de découvrir 17 témoins capitaux liés à cette affaire, morts noyés dans les mêmes conditions.
La presse allemande évoque l'existence d'un tueur : "Le tueur des WC". La police, bien sûr, lui donne la chasse, mais sans succès. En RFA, hommes ou femmes, tous serrent les fesses car dans l'ombre, le tueur du water guette.

CHIENS ÉCRASÉS
On vient d'apprendre la mort de Toby, un jeune labrador de 3 ans. Une mort bête puisqu'il a été écrasé par une brique lors du tremblement de terre qui vient de rayer de la carte Los Angeles.

11 NOVEMBRE
On a bien fêté le 11 novembre aujourd'hui, puisque tout le monde y est allé de sa petite gerbe.

ÉQUARTÉ PLUS
Le compte-rendu du Grand Prix de l'Écarté à Vincennes : 19 étalons au départ, la course s'est déroulée sur terrain mou. Le 12 "Belle paire" a sans difficulté sauté l'obstacle. Rapidement rejoint à la queue par le 7 "Senduque" et le10 "Touquette". C'est

"Pointe Argentée" qui le rattrape à l'encolure. L'arrivée s'est jouée dans un kleenex. Tous les concurrents ont sauté Lahaie. L'actrice s'est déclaré ravie.

En bref

En bref, un contingent militaire belge a débarqué en Egypte pour s'opposer à la privatisation de Suez.

Dorcel ruiné

Marc Dorcel, le roi du porno, ruiné : "Tous ces procès, dit-il, et ces plaintes contre X me coûtent la peau du cul."

Poil

L'un des derniers poilus de Verdun vient de mourir étouffé par ses poils qui avaient régulièrement poussé de 4 cm par an depuis 1918.

Politique

18 h 00, des policiers sont intervenus au siège du RPR, à Paris. En effet, une énorme boule de papier de deux mètres de diamètre roulait dans les couloirs en parlant. Après deux heures d'efforts, Monsieur Jacques Toubon a été libéré de la colle et du papier alors qu'il lançait la campagne d'affichages

MÉDECINE
Une découverte qui va faire du bruit : après des années de recherche, le professeur Van der Frais est en mesure d'affirmer que la différence entre un thermomètre buccal et un thermomètre anal, c'est le goût.

INCENDIE AU BOIS DE BOULOGNE
Le Brésil est déclaré pays sinistré.

MST
Un chasseur a encore été plombé.

PRISONS
Comment voulez-vous que ça marche avec des gendarmes mobiles dans les maisons d'arrêt ?

TENNIS
Une ancienne nageuse de l'Est devient la coqueluche des jeunes Allemands. A la question : "Pourquoi avez-vous abandonné votre premier sport ?", la jeune championne a répondu que la fédération internationale de natation lui cassait les couilles et qu'en tennis, il sera bientôt le N°1.

TICKET-BEAUF
"Je suis le candidat unique du Français

moyen qui est triste dans le métro" a déclaré Emile Dubig, le tout nouveau candidat à l'élection présidentielle. "Profession de foi raciste", déclare le syndicat du Français moyen qui est gai dans l'autobus.

DRAME DU SEXE

Monsieur Chopain est en prison, accusé d'inceste par sa femme. "Il avait appelé nos trois filles : Belle de mai, Violon d'Ingres et Belino, déclare-t-elle, et tous les dimanches, il touchait le tiercé dans l'ordre."

SPACE DE CON

La Grande-Bretagne exclue de l'Europe de l'Espace : après de savants calculs, il s'est avéré que l'avion spatial Hermès ne pouvait pas voler continuellement à gauche et qu'il est impossible de redescendre la station orbitale tous les jours à 5 heures pour le thé.

DROGUE

Un jeune militaire belge, qui avait essayé de sniffer de la coke avec une aiguille à tricoter, est mort d'une pull-overdose.

TROU D'AIR

Un pilote de chasse s'écrase avec son water dans les toilettes d'Orly.

NAISSANCE
On nous signale une naissance exceptionnelle au zoo de Vincennes, puisque hier le conservateur nous a présenté un superbe braquemard issu de l'accouplement d'un chien braque et d'un homard...

CUISINE
Moule à Charlotte, n'oubliez pas de beurrer avant de fourrer le biscuit.

DÉMENTI
Nancy Reagan déclare : "Moi, avoir un cancer ?... Ça me ferait mal au sein !"

ENSEIGNEMENT
Une addition chahute et prend huit heures de retenue.

SPORTS
Lors du match de football opposant les insectes volants aux insectes rampants, le mille-pattes n'a pu jouer qu'en deuxième période. Pendant la première mi-temps, il était au vestiaire où il terminait d'attacher ses chaussures.

SAUT
Aujourd'hui, championnat du monde de saut

avec élan. Demain, épreuve de saut avec girafe.

Erreur fatale
Une fistule dans la foufoune. Ça commence comme un roman chinois de Pearl Buck et ça finit comme un tragique fait divers à la Bukowski. En effet, mauvais diagnostic pour cette prostituée qui n'était autre qu'un travesti souffrant d'hémorroïdes.

Cyclomotoriste
Un cyclomotoriste écroué parce qu'il circulait avec un taux d'alcoolémie de 2,6 g. Le taux d'alcoolémie ne portait pas de casque.

Sports
Une prostituée avale une corde à nœuds.

Jacuzzi
C'est le titre du pamphlet écrit par Emile Sauna

Pâtisserie
Il faut 180 coups de louche pour se faire une pogne.

Arts
Le boucher de Rika Zaraï publie 2 livres de bifteck.

HAÏTI
Téléphone maison.

CUL-DE-SAC
Miss France présente aux USA le beaujolais nouveau.
“De la touffe, de la jambe, du cou, de la cuisse, du slip, un beau cru bien de chez nous, chaud en bouche.” Telles sont les appréciations des œnologues américains.
Aux dernières nouvelles, Miss France aurait du mal à marcher et le beaujolais serait revenu intact.

BELLE PRISE
Ce matin, à Miami, le shérif John Devan a fait une prise record de cocaïne : 1 gramme dans chaque narine... Bravo !...

COURSES
Le PMU est en émoi.
Les chevaux demandent à avoir leurs rapports dans l’ordre.

MIEUX-VIVRE
Pour vous, Mesdames, avec l’approche de l’hiver, un conseil de Brigitte Lahaie, faites l’amour le matin, il vaut mieux partir avec quelque chose de chaud dans le ventre.

CHAMPIGNONS
Gares aux morilles.

AFFAIRE BADUC
Le président des anciens combattants, Paul Baduc, vient d'être arrêté pour viol avec préméditation. Il avait réuni les Miss Beauté des principales villes de France pour la fête de fin d'année quand, soudain, il s'est jeté sur la Marseillaise et l'a entonnée…

SYNDICAT DES ALCOOLIQUES
Leur slogan : "Laissez-nous ivres".

AUTOPSIE
D'étranges recherches se déroulent actuellement au cimetière de Thiais où l'on a exhumé les bocaux de formol renfermant les poumons de Robert Boulin en présence d'un médecin légiste, afin de s'assurer que le ministre était bien mort noyé. La semaine prochaine, les enquêteurs se rendront aux étangs de Saint-Quentin pour repêcher ses couilles afin de déterminer si la noyade n'aurait pas été provoquée par une crampe.

FILM X
Le film X "Du charbon plein les houilles" interdit aux mineurs. Ils font grève…

SCANDALE FRONTALIER

Deux pays limitrophes se touchent à la douane.

COT! COT! COT!

Cette cocasse mésaventure se passe dans une ferme du Poitou, chez un couple de paysans demeurés fort sympathiques au demeurant. La femme demande à son mari : “Etends tes pull-overs”.
Le malheureux comprend mal et teint ses poules en vert.

SPECTACLE

Alice Sapritch violée : non seulement l’actrice n’a pas porté plainte, mais elle a demandé à la police de retrouver le coupable afin que le juge d’instruction puisse reconstituer le viol le plus vite possible…

ÉTALONS

Pour tirer un coup, tous les chevaux sont partants.

EST-OUEST

Les USA perfectionnent leur armement en fabriquant des fusées porteuses du virus du sida pointées sur l’URSS. Le Kremlin répond à cette nouvelle agression en ricanant, disant, je cite : “Même si ces fusées peuvent nous atteindre, leur précision n’est pas suffisante pour qu’ils puissent nous les tirer dans le cul...”

FAUT PAS DÉCOLLER
Préavis de grève à Air Inter pour demain. Les pilotes demandent à boire leur beaujolais nouveau avant les vols et non pas en terrasse, mais sur le zinc.

CARNET ROUGE
Un sympathique couple de chômeurs alcooliques attend son huitième enfant. La femme donne naissance à une ravissante petite fille de 3 kilos 3.
Le mari ramène trois bouteilles de Kiravi pour fêter ça.
Les bouteillles ne font pas long feu, la femme demande alors à son mari : “Comment tu veux qu’on l’appelle ?” Le mari répond : “Au couteau” et c’est le drame...

GRÊVE DES PRODUCTEURS DE BEURRE
Le mouvement fait tache d’huile.

GREFFE DU FOIE
Nouvel échec dans la greffe du foie, le cœur n’y est plus.

Violeurs
Les coupables seront poursuivis pour couilles et blessures.

PROPRETÉ
Une mouche pète dans la cuisine : une Danoise passe sa maison à l'alcool et fait tout repeindre en blanc.

Sida express
Les chercheurs américains viennent de découvir un nouveau virus du sida : le sida-express, c'est ainsi qu'ils l'ont baptisé, se développe 50 à 100 fois plus vite que le sida normal. L'amaigrissement des malades est spectaculaire et c'est un vrai problème : le temps de choisir un pantalon et de le payer à la caisse et il est trop grand.

Dernière minute
Une dépêche de dernière minute nous signale qu'une Mercedes avec des faux cils et une R 25 avec du rouge à lèvres ont enfin trahi le garagiste qui maquillait des voitures volées.

Fin du monde
Un savant fou va faire sauter la planète d'une minute à l'autre, vient-on d'apprendre, ce matin, par l'AFP. C'est bien sûr, avec la vic-

toire du Racing à l'extérieur, l'information de la journée. "Ce type nous tient par les couilles" a déclaré le président François Mitterrand.

En effet, je vous rappelle que le savant fou s'est emparé de la centrale de Nogent et si on ne cède pas à ses exigences, il menace de la mettre en service.

OVNI

L'extra-terrestre vêtu de blanc avec la tête mauve n'était autre qu'un dentiste qui avait plombé la molaire d'un client qui avait mangé un stockfish et du pont-l'évêque.

VIDE

Mireille Mathieu se suicide d'une balle dans la tête. La balle ricoche toujours...

FAIT DIVERS

Un cul-de-jatte a été attaqué par un pilleur de troncs.

HARPIC POCKET

Un w.c. a été dévalisé par un pilleur d'étrons.

DÉLIT DE SALE GUEULE

Une tenancière de bordel inculpée : elle avait une tête à claque.

Fait divers
Ça commence comme un fait divers anodin : Bourmi et Bourmoi vont au marché ! Et là où ça se gâte, c'est qu'il ne reste que quatre asperges, deux poireaux, trois salades et un oignon. Bourmi achète les quatre asperges, les deux poireaux et les trois salades. Il ne reste qu'une solution pour Bourmoi : l'oignon.

A posteriori
Les voies du Seigneur sont impénétrables. L'Eglise autorise désormais ses fidèles à se soigner à l'aide de médecines anales, telles que les suppositoires qu'elle ne considère pas forcément commes des suppos de Satan ...

Akim Color
Lucky Luke serait daltonien.

Ludwig Von Parano
Le célèbre chef d'orchestre veut arrêter de diriger ses musiciens. Il a peur d'attraper un concert.

Pas clope ! Pas clope !
Le tabac à l'origine de l'impuissance ? En tout cas, d'après enquête, les troubles de l'érection sont plus fréquents chez les

fumeurs que chez les non-fumeurs. Alors Gainsbourg bande mou ? oula ! Les choses ne sont pas si simples. Quoi qu'il en soit, Michèle Barzach, la friponnne, continue sa campagne anti-tabac tambour battant. Charles Vanel, plus réservé, déclare : "J'ai arrêté de fumer l'année dernière, j'ai pas vu de différence."

Fait divers
Son lave-glace devient fou. Il meurt noyé dans sa voiture.

Schisme
Deux évêques de la Courneurve se cherchent des crosses.

Retour du fils de la revanche
Après "Et la tendresse bordel" et "La tendresse, bordel 2", Patrick Schulman tourne "Et la tendresse, bordel 2 Merde", une comédie bien de chez nous...

Rectificatif
Dans un journal local, un journaliste, Jean-Paul Batani, a commis une coquille dans son article sur Jean-Marie Le Pen.
Monsieur Le Pen nous a demandé de rectifier cette erreur, ce que nous faisons bien

volontiers. A la place de, je cite :“si j’étais président, je flanquerais les Arabes, les Juifs, les pédés au crématoire”, il fallait évidemment lire : “Excellent ce bordeaux, vous ne trouvez pas ?”

CARPETTE
C’est officiel, l’homme qui se prend pour une chaussure s’est ciré les dents, le matin, après s’être attaché les cheveux. Aux dernières nouvelles, il est sous le lit avec sa femme : un magnifique paillasson en poils de noix de coco.

TRAVERS DE PORT
Le Front National perd l’usage de ses membres. Marseille paralysée.

LA MARCHE DES VERS
Dans la petite ville d’Essaouira, au Maroc, la mosquée est rongée par des vers. Et Dieu ne fait rien et perd son temps. A Essaouira, Essaouira, Essaouira, les asticots grattent. Allah lanterne.

TRANSPORTS
Grève du 30 novembre à Air Inter... Minable.

Bonsoir, je suis Bruno Carette.
Bonsoir, je suis Chantal Lauby.
Bonsoir, je suis Alain Chabat.

Tous ces titres ne seront pas développés dans cette édition de…

DÉCEMBRE

ON CROIT RÊVER

Un enfant battu à mort à cause du Minitel. Ça peut paraître incroyable, mais écoutez : le petit Ludovic, malade, alité, prenait sa température quand son père, ancien gendarme presque illettré, est rentré de sa retraite avec 7 grammes d'alcool dans le sang. Prenant le thermomètre de son fils, il brancha le Minitel et le drame se déroula à cet instant. Il regarda l'appareil, puis le thermomètre et se précipita sur son fils qu'il frappa jusqu'à l'achever. Les policiers l'ont retrouvé prostré et répétant machinalement : "C'est pas ma faute. Il avait 36 15. J'ai tapé Ludo."

BIROUTH

Malgré les bombardements, célébration aujourd'hui de la fête de la verge. Mais la situation reste tendue. Tension également dans les prisons françaises où, à la maison d'arrêt, même les couteaux sont à cran.

SPORT
Le coureur suédois Donku vient de remporter les 24 heures du Mans en battant au passage le record du français: en effet, Donku a parcouru les 24 h en exactement 23 h 52 minutes.

F1 : PLEINS GAZ
Au grand prix du Brésil, Nelson qui pète ravit la première place à Alain Prout.

CHANTIERS NAVALS
A la Normaid, les cales sont sèches.

PAMPERS
Une employée licenciée après avoir fait une fausse couche.

TIERCÉ
Le 2, le 5, le 7. Pour gagner, il fallait au minimum jouer.

IMPÔTS
Le gouvernement passe l'éponge sur un cas de prostitution enfantine. L'Etat a décidé de lever le redressement fiscal d'Olivier, 11 ans, qui "travaillait" rue Saint-Denis. En effet, le petit garçon n'avait déclaré aucun revenu en quatre ans d'exercice. Il a promis au procu-

reur de la République de faire amende honorable et de s'acquitter de ses impôts. Somme toute, une histoire qui finit bien.

ENFIN

Culture enfin, avec le nouveau spectacle du Blue Vichy.

A l'affiche, Marcel Labeille et sa voix de miel. Les Manuel's qui vous surprendront avec leurs mains. Les Nombrilesk's qui vous étonneront avec leurs ventres et enfin les castors qui vous épateront avec leurs jambes...

PETITE ANNONCE

Magnifique appartement. 8 pièces avec vue sur la mer. Dans quartier bourgeois. 230 F / trimestre. S'adresser à l'Ambassade de France à Beyrouth.

ERRATUM

Le jeune skinhead inculpé dans l'affaire de Châteauroux qui avait déclaré : “j'aime pas les Nègres”, voulait bien sûr dire : “j'aime pas les Nègres”. Nos lecteurs auront rectifié d'eux-mêmes.

SPORTS

Un rugbyman belge a été refoulé à l'entrée du terrain de golf de Saint-Nom-la-Bretèche,

ainsi que d'autres membres de son équipe. Le capitaine de la formation belge a déclaré qu'il ne comprenait pas le refus des dirigeants qui lui avaient pourtant demandé de venir avec son club.
Et puis, en water-polo, les Français écrasent les Allemands de l'Est en faisant rentrer douze polos dans un water.

RENTRÉE SCOLAIRE
Monory a les cartables à dos.

TRÉSORS DE BIENFAITS
Ça chie en Corée.

SÉCURITÉ ROUTIÈRE
Il avait dû mal garer son cheval, les policiers lui mettent quatre sabots.

FÊTE DE L'HUMA
Le parti communiste recherche des mirlitons pour mirliter.

DRAME DE LA MER
Un ancien marin-charcutier ivre-mort tente de faire du jambon avec le port d'Honfleur.

COMMERCE
L'Irak a bombardé l'Iran avec 14 missiles sol-

sol qu'elle lui avait achetés, faisant 16 victimes à Téhéran. L'Iran a menacé de répliquer dès que son adversaire lui aura vendu à son tour les armes pour se détruire.

POUR UN BAIL

Il rêvait de ne pas payer son loyer, un homme tue sa logeuse. Son rêve est enfin réalisé, il vient de prendre 20 ans de taule.

MÉDIAS

"Nulle part ailleurs" réinvente le mouvement perpétuel : Philippe Gildas décide d'arrêter d'interrompre Michel Boujenah qui décide d'arrêter d'interrompre Philippe Gildas qui décide d'arrêter d'interrompre Michel Boujenah qui décide d'arrêter d'interrompre Philippe Gildas qui décide d'arrêter d'interrompre Michel Boujenah.

BOURSE

Wall Treets perd 2 bonbons.

JEUX OLYMPIQUES

Juan Antonio Samaranche : ça tombe bien, moi aussi, ça m'arranche.

RÉVÉLATION

Michael J. Fox a eu une vie de chien.

ÉTHIQUE
Les journalistes noirs n'ont aucune chance de réussir car un journaliste se doit, avant tout, d'être clair.

AIR INTER
Les pilotes lancent un préavis de travail.

Y'A PAS QUE LE CUL...
Un amoureux éconduit a décidé d'en finir avec la vie. Il a revu une dernière fois celle qu'il aimait et, après avoir bu ses paroles, il s'est pendu à ses lèvres.

DÉSINFORMATION
Satanées rumeurs : après le sida d'Adjani, il paraît que dans le privé Chirac serait drôle.

C'EST PAS BANAL
C'est pas banal, et c'est bien pour ça que nous avons décidé de couvrir cet événemet pour le JTN : une femme a accouché dans une armoire. A ce propos, le mari déclare : “J'ai pensé que c'était bien mieux pour elle, de vivre neuf mois comme ça, c'est l'endroit idéal quand on est enceintre.”

TOUCHEZ PAS AU GRIZZLI
Un escroc a été arrêté en Alaska : il présen-

tait, dans un spectacle itinérant, un ours blanc récitant d'un trait les 300 premiers vers de l'Odyssée.
Les intempéries ont mis fin à la supercherie : l'ours blanc n'était qu'en fait qu'un vulgaire ours gris peint en blanc.

NAVIGATION
Un capitaine de la marine belge qui tentait depuis trois jours de faire passer son cargo dans un chapeau mou s'est sabordé en apprenant que Panama était aussi un canal.

GOUVERNEMENT
Les deux nouvelles politiques de cette journée ce sont aussi les premières mesures prises par le ministre du développement : 1 m 80 et 21 cm. Et puis, la proposition médicale pour en finir avec le chômage. On ne parlera plus de chômeurs, mais de “mal travaillants”.

NOS AMIES LES BÊTES
Enfin, on vient de l'apprendre : un boulanger engrossait sa chienne avec de la mie de pain pour fabriquer ses bâtards.

LE FACTEUR SONNE TOUJOURS DEUX FOIS
Un employé des PTT livre par erreur un torticolis.

Imporc-Exporc

La Russie importerait des porcs des 4 groins du monde.

Grosse prise

Un important trafiquant de drogue, complètement abruti, vient d'être arrêté par deux stagiaires de la brigade des stupéfiants, mettant fin à un important réseau parisien de cocaïne. L'homme avait oublié son chéquier dans les toilettes d'un commissariat et les policiers ont pu lire sur le talon du dernier chèque : à l'ordre de Ikbnar Toshen, en règlement de cocaïne 300 g. Montant : 45 000 francs et le reste pour “je-ne-sais-plus-qui-regardez-sur-mon-carnet-noir-chez-moi-que-j'ai-caché-sous-le-matelas”. L'homme a été arrêté alors qu'il retournait au commissariat pour récupérer son chéquier. Les policiers sont encore morts de rire.

Découverte scientifique révolutionnaire

Un chercheur de l'Institut Pasteur a constaté qu'en introduisant son nez dans l'oreille de son assistante et en lui imprimant un mouvement de va-et-vient, puis en éternuant brusquement, à condition de fermer les yeux en poussant un léger râle, on pouvait obtenir une sensation proche de l'acte sexuel sans aucun risque d'attraper le sida.

REVENUS DU CLERGÉ

Les prêtres obligés de tirer le diable par la queue. Celui-ci ne s'en plaint pas.

JUSTICE

Il refusait de vouvoyer le juge ; le trafiquant a été mis en garde à tu.

POLITIQUE INTÉRIEURE

La différence entre un membre du PR et un membre du RPR est de deux centimètres.

GRAND CONCOURS DE GAUCHE

La CGT et le PC lancent un grand concours réservé à leurs adhérents chômeurs pauvres.

Alors pauvres CGTistes chômeurs du PC qui nous regardez sur votre poste de télé à 2000 balles, écoutez bien :

Pour jouer au carton magique, c'est simple. Vous déposez une étiquette de pâté Coop avec votre nom dans la benne à ordures au moment du passage de votre camion poubelle.

Le tirage au sort aura lieu à la décharge de Viry-Châtillon et sera effectué par un huissier CGT-PC en présence d'un rat.

Le gagnant sera installé avec sa famille dans

un magnifique carton renforcé et déposé le samedi suivant à l'entrée de l'autoroute du Sud, sous le tunnel, au milieu de la chaussée. Et si vous restez bien immobile dans le carton, vous avez toutes les chances d'être tiré jusqu'à Evry par un camion.
Alors, bon week-end avec le carton magique. Et surtout, n'ouvrez pas avant d'être arrivé !

JUSQU'À LA GAUCHE
Le FFHMS, la Fédération Française Homosexuelle Masculine Socialiste, vient à l'approche des élections de moderniser son image de marque. Elle remplace la célèbre pissotière frappée d'un croissant sur champ d'urine, par un coulis de chocolat sur le bout d'une banane.

HÉMISPHÈRE GAUCHE
Un tragique fait divers au Danemark. De passage dans un tunnel de Reykjavik, un esquimau fond avant de se faire sucer.

HÉROÏNE
Filé depuis des mois par la brigades des stups, Tahar Ben Jeloun, le prix Goncourt 87, vient d'être arrêté à Roissy en possession de plusieurs romans contenant de l'héroïne, notamment “Les trois orphelines” qui représentent,

je vous le signale, à elles seules 153 grammes d'héroïne pure en slip sur la balance.

Traite de jaunes
Un restaurateur passait des femmes nues dans des tasses à saké.

Espionnage agricole
Cultivateurs, méfiez-vous, les pommes de terre ont des yeux.

Coup de filet
Un touriste arrêté à la frontière alors qu'il essayait de passer des vacances à l'étranger.

Religion
Le pape voulait, pour rendre hommage à la Vierge Marie, reprendre la chanson de Jean-Jacques Goldman : "Elle a fait un bébé toute seule". Et puis finalement, sa maison de disques "Vatican records" le lui a formellement déconseillé. Monseigneur Marouani lui disant, je cite : "Fais pas le con, Jean-Paul, pour Noël, faut que t'attaques avec un original !"

Conseil
Une petite phrase à méditer qui s'adresse à vous, Messieurs. Messieurs, en vous tapant

des naines, vous aurez l'impression d'avoir une plus grosse bite.

Élections

Ce matin, les 3000 participants du XIIe congrès international des manchots des deux bras élisaient leur président. Le vote à main levé a été reporté.

Fait divers

Une chèvre tue un top model, elle était jalouse de son book.

Scandale immobilier

Des parlementaires se pavanent dans des costumes trois-pièces-cuisine.

A s'en faire péter la ruche

A force de butiner de flirt en flirt, Gloria Lasso épouse un apiculteur.

Brigitte Lahaie-Marc Dorcel

Elle déclare : "L'un dans l'autre, j'apprécie que nos rapports convergent."

Politique intérieure

Les élections approchent, vous le savez. François Léotard dit lui-même qu'il s'est entouré d'une équipe de choc : "J'ai la crème", a-t-il ajouté. Ce qui a valu le bon mot de Jacques Chirac : "Alors Léotard t'as la crème..."

BELGE
Il meurt d'épuisement entre sa télé et son canapé.

TOP 50 CONTRE LE SIDA
Qui va gagner ? Le sida j'espère.

PRISON DE SAINT-MAUR
La grille des salaires des gardiens en question. Le barreau porte plainte.

STATISTIQUES
Accident de piétons à Paris. Un tué sur deux meurt des suites de son décès.

COUP DE FILET
Les autorités françaises ont arrêté un membre de l'ETA. Il s'agirait d'un bras.

AVIS AUX CHIEURS
La chasse est ouverte.

AUBAINE
Un proxénète parisien retrouvé avec sept trous de balle.

Drame de Noël
Un passant qui faisait du lèche-vitrine avale un grand magasin par inadvertance.

Myopie toujours
Les deux hommes les plus myopes du monde se sont rencontrés ce matin à Paris. Ils ont procédé à un échange de vues mais cela n'a rien donné.
Ils sont toujours les deux hommes les plus myopes du monde.

La quille bordel !
Un jeune appelé qui se reposait pendant son service a été placé en garde à vous.

Trafic d'aphrodisiaques
Les policiers sont impuissants.

Méprise
Au casino de Monte-Carlo, un Noir passe son imper et manque… de bol, il faisait beau.

Bourse
L'Opéra de quat'sous réévalué.

Miaou
Une découverte étonnante : c'est en croisant un angora avec un mouton qu'un jeune

Italien vient d'inventer la première race de chat lavable en machine. Intéressant !

SPORTS DIVERS
Après les skis, c'est au tour des dents de Jean-Claude Killy de se déchausser.

ERREUR D'AIGUILLAGE
Après quelques numéros de voltige réussis dans sa salle de bains, un ancien pilote de la patrouille de France se tue en essayant d'atterrir sur son porte-savon.

DRAME DES TROTTOIRS
Un chihuahua qui faisait tranquillement ses besoins a été happé par une motocrotte.

DROGUE
Un loubard pique sa mob.

RÉVÉLATION
Lorsqu'il tournait un rôle de détective, Bogart n'écrivait jamais, il avait le feutre mou.

MORT À CRÉDIT
Un routier belge a perdu le contrôle de son 15 tonnes en tentant d'écouter la CB avec sa carte bleue.

MISE AU POINT
L'interruption de grossesse n'est pas un régime.

HAUTE COUTURE
Daniel Hechter viré. Il faisait dans l'entreprise un travail de sape.

ARCHÉOLOGIE
Une statuette extrêmement précieuse a disparu du tombeau d'Aménopause II, dans la nuit de mardi à mercredi en 1200 avant Jésus-Christ.

PUB
Publicité : caleçon Arthur, il vous fait le rein beau.

SCIENTIFIQUEMENT PROUVÉ
Les escargots ont de très grosses couilles. Ce qui expliquerait le port de cette coquille disproportionnée par rapport à la tête.

CRÉMATOIRE
12 hectares de pains brûlés dans une boulangerie du Var.

DRAME DE L'INCOMMUNICABILITÉ
Un homme se froisse avec son muscle.

DEVINETTE
Quelle est la différence entre un curé et un arbre de Noël ?
Aucune, dans les deux cas, les boules c'est pour décorer.

SAVOIR-VIVRE
Pour se présenter aux élections, il vaut mieux mettre une cravate.

SPORTS DE GLISSE
Au championnat du monde de constipation, le Français a obtenu la médaille de bronze.

AVIS
On recherche une personne assez âgée, 80 ans minimum, pour remplacer à pied levé Marguerite Yourcenar, dans le rôle de la Mère Denis sur un tournage publicitaire dont nous tairons le nom, déontologie oblige !

EN FUSION
Le S.G.E.D.G.L.P.L.H.T.F.S.B.M.R.T., le Syndicat Général des Enseignants Décorateurs de Gâteaux Laïques Pour les Horticulteurs Tourneurs-Fraiseurs Savoyards des Boucheries Moldaves Régionales Trotkistes, vient de s'associer au C.E.D.C.A.P.R.T.C.R.T.V.A.R., la confrérie Extrémiste des Centristes Associés Pour le

Retour Tangentiel des Compagnies Réunies Travaillistes des Verriers Alternatifs Révolutionnaires.

Et donc ensemble, ils formeront le S.G.E.D.G.L.P.L.H.T.F.S.B.M.R.T.C.E.D. C.A.P.R.T.C.R.T.V.A.R.

On est pas dans la merde…

Bonsoir, je suis Bruno Carette.
Bonsoir, je suis Chantal Lauby.
Bonsoir, je suis Alain Chabat.

Tous ces titres ne seront pas développés dans cette édition de…

JANVIER

PROCÈS

Armand Jammot et Patrice Laffont inculpés suite à une plainte de Yannick Noah. Ce dernier déclare : “C’est minant pour mon moral d’entendre tous les soirs à la même heure : Leconte est bon …”

PEEP SHOW

C’est une véritable partouze entre Karpov et Kasparov. Après avoir sauté un fou, le roi de Karpov bouffe la reine. On en est en ce moment en train de nettoyer l’échiquier car l’échec est moite. Rappelons que Kasparov est mieux pourvu car il a les Noirs.

DRAME BRETON

Un marin alccolique se marie et prend la mère, le soir de ses noces.

RECORD
Dix-sept grippes, cinq angines et une trentaine de rhumes, c'est le résultat encourageant d'une opération "Portes Ouvertes".

ÉLECTIONS
Une veste de perdue, dix de retournées.

HORLOGE PARLANTE
L'aviateur qui s'amusait à raser des mottes a été arrêté par une 4e taupe à 9 heures.

BOURGUI SONNE LE GLAS
Un communiqué du gouvernement tunisien nous signale que l'état de santé du président Habib Bourguiba va en s'améliorant. "Ce matin, nous dit le communiqué, le Guide Suprême a même réclamé une purée, a été tout seul à la selle et a joué pendant deux heures."

CHOCOLAT FOURRÉ
Plus fourré, c'est Brigitte Lahaie.

ZITA
Oui ... Zita, la femelle rhinocéros du zoo de Vincennes vient d'accoucher d'une jolie petite limace...
Enfin, c'est ce qu'on a cru, parce qu'en

regardant de plus près, Zita, qui était au régime, venait de faire une toute petite crotte.

SOVIÉTOLOGUE
A un journaliste qui le questionnait sur la provenance de sa fameuse tache rouge sur le front, Monsieur Gorbatchev a expliqué que sa maman, pendant sa grossesse, avait fait une grosse consommation de fraises des bois. Heureusement qu'elle n'aimait pas le chocolat, sinon on le prendrait aujourd'hui pour Ouphouet Boigny.

TIERCÉ
Le bonheur est dans le blé
Course hippique, course hippique
Le bonheur est dans le blé
Course hippique, il va gagner.

DROGUE
La drogue tue de plus en plus de jeunes.Hier matin, à Kestufou-sur-Yvette dans le Bas-Rhin, une maîtresse d'école a surpris un garçon de 8 ans en train de sniffer de la cocaïne sur son cahier de textes. Puni, le jeune élève a dû faire 100 lignes. Il est mort d'overdose.

A L'AFFICHE
Le monde du cinéma en effervescence.

Delon et Serge Lama réunis dans un même film. Une super-production qui a pour titre : “Viens nous servir à boire”. L’histoire de deux amis qui se déchirent pour une même femme.
Deux acteurs pour un grand film : Lama-Delon : “Viens nous servir à boire”.
Sortie mercredi.

VIE PRATIQUE
Un problème de compréhension ?
Votre télé fait bite-couille-caca-prout ? C’est normal, les Nuls sont de retour.

SENTIER LUMINEUX
Savez-vous pourquoi Emmanuelle Béart n’a pas besoin de lampe, quand elle sort la nuit avec son père ? Parce que Guy l’éclaire...

TOMBOLA DU SAUCISSON SEC
Tirage de la deuxième tranche jeudi.

LAMENTATIONS
En Israel, la manifestation anti-arabe organisée hier par le Grand Rabbinat a été rapidement circoncise et sans violence, les forces de l’ordre ont annoncé qu’ils allaient procéder à une quête. La place s’est vidée en quelques secondes.

FOIRE DE PARIS
Les agriculteurs vous présentent leurs meilleurs veaux.

CULTURE
“La Coupole”, lieu public, phare de la culture parisienne, vient d’être vendue au groupe “Flo”. Fermée pendant six mois, a-t-on pensé à Bernard-Henri Levy, Marguerite Duras, Gonzague Saint-Bris, Philippe Chany, Guy Béart, Jean-Edern Hallier ! Où vont-ils aller pendant six mois ? Dans un merveilleux élan de solidarité, “Les deux magots”, le “Bakonyi” et “La Closerie des Lilas” ont déclaré qu’ils étaient prêts à accueillir les sinistrés sauf Guy Béart.

PROMOTION
Un corps et une âme, une bite et des couilles ou des seins comme si vous en aviez. C’est l’offre exceptionnelle que vous propose Dieu Père et Fils, entre le 6 et le 20 janvier, si vous vous décidez à naître catholique. Alors naissez ! Nous nous chargeons du reste. Dieu est partout, renseignez-vous…

TIERCÉ
Hier à Vincennes, tous les chevaux sont partis, on ne les a toujours pas retrouvés.

Deux grèves

Le syndicat des pilotes d'Air Inter annonce des grèves surprise. Elles seront roses pour les filles, bleues pour les garçons.

Torture

Quand on les brûle, les allumettes souffrent.

Drame de l'alcoolisme

Une pauvre femme de chômeur alcoolique parisien avait promis une galette à ses enfants. Après avoir tressé deux ficelles pour faire la couronne, elle avait caché un clou dans un vieux carton plat et s'apprêtait à découper les parts devant les petits émerveillés quand le père est rentré, ivre comme d'habitude. Le drame s'est joué en quelques secondes devant les enfants et la femme horrifiés : le monstre a mangé tout le carton, a mis les ficelles sur sa tête et est parti pour se payer du bon temps avec la voisine du dessous qui crache pas non plus sur la gnôle.

Showbiz

Une révélation : la culotte de Michel est jaunasse.

Dakar, pas Dakar

C'est rigolo comme jeu de mots, non ?

A MOURIR DE RIRE
80 % des Français se tuent en mourant.

CARTE DE FRANCE
Les porteurs de slips douteux sont de plus en plus nombreux. Le mouvement fait tache d'huile.

MODES ET TRAVELOS
Un travesti intelligent toujours plus enclin à satisfaire sa clientèle s'est fait greffer des seins dans le dos et un nez sur la nuque.

RECORD
Un pull-over réussit à traverser la Manche en tricot.

DOPING
Les trois pharmaciens et les deux médecins qui avaient délivré des amphétamines à des cyclistes amateurs en juillet dernier courent toujours.
Ils auraient parcouru 11 800 km sans étape.

FATALITÉ
Victime d'un stupide accident de la route, l'homme le plus vieux du monde vient de mourir à l'âge de 28 ans. Rappelons qu'il aurait dû avoir 143 ans en l'an 2 131.

C'EST LA SAINT-PAULIN
Bonne fête à tous les Thierry.

ASSURANCE CHÔMAGE
Pour être sûr de ne jamais trouver de boulot.

SCANDALE MONDAIN
Scandale chez la Comtesse du Barry. Plusieurs oies se seraient fait graisser la patte.

DE PUTES...
Les accents !!!

DÉPUTÉS
Après une nuit de lutte sans merci entre le socialiste Jean Leloup et le RPR Philippe Seguin, Leloup a mangé la chaise de monsieur Seguin.

AMOCO CADIZ
Après s'être fait mazouter, les Bretons se font entuber.

ALCOOLISME
Les bars Mitzvah interdits aux Juifs de moins de 13 ans.

PROSTITUTION AU QUÉBEC.
Macadam au Canada.

SCULPTURE
Selon ses déclarations, le sculpteur César coulerait un bronze tous les soirs.

TRAGIQUE MÉPRISE
Un cinquantenaire impuissant vient de porter plainte contre son chirurgien esthétique après avoir eu une érection avec son nez…

N'OUBLIONS JAMAIS
Un rapport d'Amnesty International dans le milieu agro-alimentaire révèle qu'encore trop de malheureuses bouteilles de champ' sont frappées, puis sabrées lors des réceptions. Encore trop de blanc battus en neige ! De plus, plusieurs saucissons ont été retrouvées pendus dans les arrières-boutiques de certaines charcuteries.

MILLE MILLIONS DE MILLE SABORDS
Un navigateur a aperçu à la surface de l'eau des formes vivantes jaunes, rouges, vertes, bleues, marron et mauves. "Tonnerre ! Des smarties vivants !" s'exclame le mousse. Le bateau s'approche des êtres inconnus et ces derniers parlent comme vous et moi. Renseignements pris, après les cols roulés et les ras du cou, Benetton se lance dans le gilet de sauvetage.

Maladroit

A Bruxelles, Monsieur Azelnoot Meltblock provoque la mort de 18 personnes en peignant sa voiture au pistolet.

Tiens ? Voilà du boulin

Les fameux bocaux exhumés contenant les restes de Robert Boulin n'ont rien révélé de nouveau, si ce n'est une légère cirrhose du foie et un début de MST, finalement sans danger pour le défunt. Mais, en creusant un peu plus profond, les enquêteurs sont tombés sur des ossements datant de 4 millions d'années, ayant vraisemblablement appartenu à un homme de Cro-Magnon ayant trempé dans un trafic de mammouth pas très clair.

Écologie

Il n'y a plus de thons en Bretagne. On ne dira donc plus pêcheur bre-thon, mais pêcheur bre-morue, désormais plus abondantes en cette région.

Suprême Soviet

326 jours, 11 heures et 40 minutes, c'est, vous le savez, le record de durée dans l'espace battu par le soviétique Romaneko. Il vient de recevoir le titre d'"homme de l'année

1988”. Revenir sur terre en URSS, après près d‘un an de liberté, c’est fort…

DRAME DU LOTO
Une grille du loto se détache et vient frapper de plein fouet un parieur dans un bar-tabac.

LE CRIME NE PAIE PAS
Blanche-Neige a été arrêtée ce matin, à la suite de sept dépôts de plaintes pour violation de domicile…

UN PETIT GRIS
C’est une naissance issue de l’accouplement de Michel Blanc et du ministre Michel Noir.

LAISSEZ-LES VIVRE
Manifestation, ce matin, d’une délégation de spermatozoïdes. Parmi leurs revendications, il est à noter la création de nouveaux ovules (il faut rappeler que lors de la fécondation, on ne dispose actuellement que d’un seul ovule pour plusieurs millions de spermato… Nous sommes bien loin de certains pays européens.) Les spermatozoïdes ont réclamé un meilleur accueil dans les préservatifs souvent démunis pour la plupart de réservoirs. Enfin, au chapitre de leurs revendications sociales, il est noter également qu’ils deman-

dent de meilleures conditions de logement quand ils doivent se déplacer à l'étranger car certains accès sont vraiments exigus.

Route du rhume

On est toujours sans nouvelles du nez parti il y a maintenant 14 jours pour traverser l'Atlantique en solitaire. Selon l'oto-rhino qui sponsorise la course, il faut malheureusement admettre que le nez a coulé.

Roller ball

Un jeune homme a été retrouvé avec un ballon ovale dans le cul. Ce futur deuxième ligne n'avait pas bien compris le problème de l'introduction en mêlée.

Miracle

Un fidèle rentre en lui-même et disparaît.

Drame du Aisselle

Une poignée de hooligans lèvent les bras et asphyxient 20 gradins.

Blague de CM2

Raymond Barre a tort, et le tort tue.

Le gland de la mort

Un Français blessé par son petit camarade

qui lui avait lancé un gland à la tête, alors qu'il se rendait à l'école, est mort à 95 ans des suites de cette blessure.

LES DANGERS DE LA GLISSE

Et puis, un moniteur d'Avoriaz schusse sans préservatif et attrappe une chaude piste.

BON CHOIX

En Italie, pour les prochaines élections, et malgré ses excellents sondages, la Cicciolina reste dans le peloton de queue.

EN BREF TOUJOURS

Impliqué pour avoir truqué une course, le cheval d'Yves Saint-Martin dans le box des accusés.

LE SAVIEZ-VOUS?

Un refuznik n'est pas un paria politique ou religieux, mais simplement quelqu'un qui refuse de niquer une Russe.

TROU NOIR

Alors qu'il défendait sa cliente amnésique, un avocat tombe dans un vide juridique.

SOCIAL

Mécontentement chez les pervenches : le

syndicat CFDT du personnel de surveillance payant à Paris (pervenches) revendique une amélioration de conditions de travail : un perchoir et des graines.

HABITUDES CULINAIRES
Les édentés soupent au lait et les sourds dînent à l'huile.

DROGUE
Une vingtaine de skis héroïnomanes ont été arrêtés. Ils portaient tous des traces de fixation.

GA BU ZO MEU
Il y aura, en l'an 2000, un milliard d'analphabètes sur la planète.
Apprenant l'existence de ce futur nouveau marché, l'éditeur Carrère-Laffont se frotte les mains.

NEWLOOK
VGE décide de rajeunir son slogan politique. 1978 : Giscard à la barre. 1988 : Giscard a le bâton.

JUSTICE
Une sage-femme maladroite a été condamnée à 20 ans de travaux forceps.

Point G
"Shell" et "Total" s'attaquent à la frigidité qui n'est autre qu'une panne des sens.

Sadisme
Quand les bébés pleurent, les nurses rient.

Sexe, tu plais
Grand succès aujourd'hui pour la manifestation du M.D.S.R.N. (Mouvement des Salopes en Rut Nymphomanes). Elles étaient très chaudes, on a compté plusieurs centaines d'explosions de foufounes, et face à ces bombes sexuelles, les CRS ont dû donner du bâton.

Drame
Un pétomane se met la tête dans le cul et se suicide au gaz.

Justice
Arrêté pour attaque au rasoir, un poil se rétracte à son procès.

Clope ! Clope !
La société Philip Morris splitte et se sépare en deux sous-sociétés : Philip et Morris. Elles s'installent dans deux villes : à Marseille, Philip et à Lille, Morris.

Circulation

Abandonné par un cantonnier sur la Nationale 20, une borne kilométrique enceinte vient de donner naissance à plusieurs centaines de mètres.

Homme de main

Un ancien truand qui effectuait des basses besognes pour la DST a été inculpé pour incitation à la débauche.
Il confondait barbouze et partouze…

Pédale

Au vélodrome de Paris, un cycliste fait une course contre la montre. La montre a gagné.

Babylone, tu déconnes

Trop habitué à passer du hasch dans son slip, un rasta en manque fume ses poils…

Au pays des ornithorynques

Les aborigènes se frottent les mains. En effet, en 1605, le Hollandais Willem Janszoon n'a pas mis son pied sur le territoire de l'Australie, mais bel et bien dans une crotte de chien.
Les Australiens ne peuvent donc légitimer l'usufruit de cet état, mais se retrouvent par contre à la tête de millions de tonnes de

déjections de dingos à travers tout le pays aborigène.

BONNE PÊCHE

L'homme qui faisait caca depuis trois mois dans le caniveau devant le commissariat du 8e, ne voulait pas signifier par ce geste "Merde aux poulets", mais il donnait tout simplement l'exemple de la propreté à son chien âgé de 6 mois.
Faites comme lui, apprenez-lui le caniveau.

RÉVÉLATION

Sylvester Stallone a appris qu'il aimait la couture, que son signe le prédisposait à avoir des règles douloureuse et qu'il était clitoridienne.
Bien fait pour lui.
La prochaine fois, au lieu de faire des tests dans Cosmo, il choisira Play Boy.

TABACOLOGIE

Serge Gainsbourg a reçu aujourd'hui le prix des deux mégots.

NÉGLIGENCE

Un fœtus gluant, vert et mou, maculant un vieux kleenex, c'est tout le souvenir que laisse une jeune lesbienne à sa compagne, après un 69 à la fin duquel elle avait éternué sans préservatif.

DRAME PERSONNEL
Elle a 25 ans et, depuis l'âge de 14 ans, on la viole : une main droite vient de porter plainte contre une bite.

APPEL À LA SOLIDARITÉ
La bibliothèque de Mireille Mathieu complètement saccagée. Les trois livres sont un état déplorable.

HUMANISATION
Les prisoniers réclamaient des pénitenciers à visage plus humain. C'est chose faite, à l'initiative du ministre de l'Intérieur qui a fait peindre un nez, une bouche et des yeux sur les murs des prisons.

Bonsoir, je suis Bruno Carette.
Bonsoir, je suis Chantal Lauby.
Bonsoir, je suis Alain Chabat.

Tous ces titres ne seront pas développés dans cette édition de…

FÉVRIER

PRÉCAUTION
Afin d'intensifier la lutte contre le sida, les prostituées devront faire signer une décharge à leurs clients.

MÉDECINE
Serge Gainsbourg lègue son corps à la science, sauf le foie qu'il offre à Hédiard.

CENSURE
Un long métrage atteint d'hémofilmie a été coupé. Il s'est vidé de tout son son.

DANS LA RUE
Au cours d'une manifestation, un policier a interpellé un manifestant. Ce dernier ne s'est pas retourné.

Labours toujours

Ça y est ! A la porte de Versailles, le salon de l'agriculture a ouvert ses portes...

Ça daube !

Alors, dans ce salon de l'Agriculture, que trouve-t-on ?

Hé bien, une table basse, un canapé et deux fauteuils, comme dans tous les salons...

Suivez le bœuf

Et puis des surprises !

Tenez : il était perdu depuis ce matin : c'est en comptant ses bœufs qu'un agriculteur a retrouvé Raymond Barre.

Risques majeurs

A la porte de Versailles, au salon de l'agriculture, une trayeuse électrique devient folle : 3000 visiteurs sucés à mort.

Joli Jojo

Le Brésil est présent dans ce salon de l'agriculture avec "Jojo des favellas", un magnifique taureau qui a la particularité d'avoir une poitrine opulente et ferme, et un coup de rein assassin.

"Jojo des favellas" est le premier taureau travelo sur lequel le traitement aux hormones a parfaitement réussi.

Incroyable mais vrai

Ce n'est pas le seul, car, au stand apiculture, on a pu voir une abeille piquée aux hormones qui s'est fait pousser l'essaim.

Tableau d'honneur

Au chapitre des récompenses, controverse à propos de la médaille d'or décernée à la fameuse tripe de Hollande.

En effet, quand on sait ce qu'il y a dans le porc d'Amsterdam, y'a des marins qui pissent en se frottant la panse…

En bref

En bref, et toujours à propos de ce salon de l'agriculture. Un visiteur s'est fait faucher son blé, devant plus de 2000 personnes, par une petite moissonneuse-batteuse yougoslave qui sévissait avec une bande de Gitanes maïs.

Registre des incidents

Toujours dans le registre des incidents, j'apprends qu'une botte de paille s'est fait traiter de fumier.

Bonne nouvelle

Les fonctionnaires ont été augmentés de1 %, c'est-à-dire qu'ils seront maintenant 1% de plus.

Fait divers
Un détenu est tombé malade en s'évadant de la Santé.

La vie du rail
Un jeune publicitaire complètement décalqué qui suivait la ligne de chemin de fer Dijon-Lyon à quatre pattes avec une paille dans le nez est mort explosé, un TGV dans le fion.

Reliques
Une Cadillac de 1938 achetée par le Vatican a été vendue à Londres, mais cette vente n'a pas fait recette. Ah ! si Pie XII avait connu Kennedy, s'il avait été filmé, la jupe au vent sur une bouche de métro, s'il avait ponctué ses "amen" par des "pou pou pi dou", on se serait arraché à prix d'or son joli bustier.

Drame du camping
Ulcéré par ses refus répétés, fou de jalousie qu'elle se soit laissé ouvrir sa fermeture-éclair par un autre, un jeune campeur a tué sa tente à coups de piquet.

A fleur de pot
Un hommme sensible qui avait été traité d'ordure s'est jeté dans une benne.

TRISTE CIRE

Un homme est mort étouffé en tentant de s'épiler les poils du nez avec de la cire liquide. Sa femme, arrivée sur les lieux, s'est empressée de lui appuyer sur les narines pour en faire deux bougies.

ON CROIT RÊVER

Deux faux parents d'élèves démasqués à l'école "le pouacre de Guéméné". En effet, un couple frauduleux s'était fait passer pour ses enfants. Profitant de leur ressemblance avec eux-mêmes, ils avaient imaginé de s'inscrire au CM2, allant même jusqu'à se faire appeler Noldy et Poupette et mangeaient ainsi gratuitement à la cantine depuis la rentrée. C'est la surveillante de table qui a découvert le pot aux roses quand, après avoir fini sa rondelle d'ananas au yaourt, Noldy lui a demandé un cigare au cognac.

LES ENVAHISSEURS

Un extra-terrestre a été arrêté. "Il faisait nuit et nous étions en patrouille dans le bois de Boulogne, raconte un policier, lorsque nous vîmes une forme qui se dirigeait vers nous. Ses yeux et ses ongles étaient lumineux, de sa bouche et de ses narines sortaient des rayons comme des lasers." Il s'agissait en fait d'un exhibitionniste qui s'était assis sur une torche électrique.

BUCOLIQUE

On connaît enfin la raison pour laquelle, il n'y a pas de toilettes à la chancellerie, en Allemagne, c'est parce que le chancelier Kohl chie que dans les prés.

DRAME RUSSE

Et puis une mauvaise nouvelle : un jeune Russe ivre mort qui jouait avec quelques amis à la roulotte russe s'est tiré un cheval dans la tête.

VIVE LES FEMMES

Au festival de films de femmes à Créteil : c'est sûr, Kira Mouratova, réalisatrice russe, sera présente pour la projection de l'intégralité de son œuvre. C'est moins sûr, le public sera nombreux.

EN BREF

Un jeune homme pauvre alccolique au dernier degré est mort étouffé en buvant son jean.

NUANCE

Toujours lui, Kurt Waldheim révèle à son

corps défendant que les femmes enceintes juives concentrées dans les camps de concentration n'avaient été déportées par les nazis autrichiens que sous contrôle médical sévère, et uniquement dans le but humanitaire de fournir aux plus déshérités du lait concentré kasher.

TROUBLE

Un homosexuel qui pratiquait sur son partenaire un cunnilingus a roté un pet ...

GRÈVE DU TROISIEME ÂGE

Pour protester contre le temps qui passe, deux vieillards jeûnent.

RÉVÉLATION

Pinocchio habite à Pantin.

ROYAL DUMBO

Grâce à ses oreilles, le prince Charles arrête une avalanche et échappe à la mort.

INTERNATIONAL

En s'asseyant sur ses minorités, la Turquie s'est fait mal aux Kurdes.

LITTÉRATURE

"Ce livre est un livre de merde", a déclaré un

critique à propos du livre de Riquita Broutmotte, la célèbre Blue Bell Girl au derrière fleuri, et il rajoute : “On ne demande pas dans quoi elle a trempé sa plume.”

C'EST RIGOLO

C’est rigolo : Gérard Darmon à l’envers, ça fait Gérard Mon Dard. C’est rigolo, non ?

DRAME DE LA NATURE

Une jeune campeuse naine pique-niquait sur l’herbe. Elle a renversé le sel et s’est fait brouter par une chèvre.

EDUCATION

Désespéré par la nullité des résultats aux examens en 87, René Monory envisage de créer un bac pour les plantes.

SACRÉE SOIRÉE

Ce soir sur Canal +, en direct : Bordeaux/Nantes, superbe et étincelante affiche des 32es de finale de la coupe. Ce match passera en différé à 22 h 45 sur A2. Abonnés, faites chier vos amis : téléphonez-leur le résultat.

CONFLIT DE MER

Les poissonnières durcissent le thon.

TENDANCE

Cette année, le bœuf sera mode.

HARCÈLEMENT SEXUEL

Matin et soir, plusieurs millions de rideaux se feraient tringler.

PROMESSES, POIL AUX FESSES

Après avoir promis le SMIC aux femmes au foyer, la retraite à 50 ans, la baisse du chômage à 100 %, l'indemnisation aux rapatriés, la suppression de la vignette, l'aide au 3e âge, l'autorisation de payer ses factures en retard, l'amnistie des contredanses, la levée de l'impôt sur le revenu, l'amour libre à 16 ans, le ciné gratuit le mardi, la suppression de la redevance, les Marlboros à 4 francs, la semaine de14 heures, du soleil sur Paris, les préservatifs à la fraise en vente libre dans les maternelles et Adjani à poil dans "Lui", Chirac a déclaré : "Vous ne m'aurez pas vivant !" Toujours des promesses ...

GASTÉROPODES

Des chercheurs anglais affirment que certains mollusques changent de sexe à cause de la pollution en Mer du Nord. Henry Chapier vient de s'inscrire à la course Calais-Douvres à la nage.

VIP

Après Gérard Holtz qui a fondé son club : le VIP (Very Important Petit), où ne sont admis que les hommes de moins d'1 m 70, c'est au tour de Dorothée de créer son équivalent féminin : l'ESD (Elles Sucent Debout).

GÉNÉRATION TONTON, ÉVIDEMMENT

Monsieur Jospin n'aime pas trop cette "tontonmania" et a insisté sur ce point, ce matin, aux jeunes socialistes d'Auzon, disant, je cite : "Que les Français réalisent que le socialisme est la seule voie pour le pays, d'accord. Qu'ils aiment et vénèrent François Mitterrand comme le père de la nation ou le guide suprême, encore d'accord. Mais qu'on cesse de l'appeler Tonton ! C'est agaçant..." Fin de citation.

PAF

La 5 enfin reçue par toute la France. Il suffit d'appuyer sur le bouton 1 de votre télé et vous retrouverez Sabatier, Sébastien et Collaro...

ON L'A ÉCHAPPÉ BELLE

Les consommateurs ont eu très peur ! En effet, nous avons tous échappé à un nouveau plat en boîte : les raviolis sauce tomate avec un coulis de chocolat et des raisins secs. Heureusement, Nestlé vient de démentir le rachat de Buitoni.

CHÔMAGE
Chiffres alarmants : plusieurs millions de chèques seraient virés chaque fin de mois.

PLACEMENTS
Avec tous les lycées qui lui appartiennent, Jules Ferry doit se faire un blé monstre.

PROVERBE
Les auto-stoppeurs aboient et la voiture avec la caravane passe.

Y M'A CULÉ
Une jeune femme incarcérée à Fleury-Mérogis et inexplicablement enceinte depuis trois mois alors qu'elle n'avait reçu aucune visite depuis un an vient d'avouer : "J'en avais gardé dans la bouche."

HABLA ESPAÑOL
Envoûtée par le flamenco, Madonna se fait greffer des castagnettes.

MONTERREY
Bernardo a eu un zorro de conduite.

Reconversion
Un bûcheron athé devient pilleur de troncs.

Recherche scientifique
C'est en projetant violemment une cuillère en bois sur son fromage qu'un jeune chercheur en physique nucléaire vient de réussir la fission de l'atome de Savoie.

Plein gaz
Un pharmacien néo-nazi publie "Mein Camphre".

Pompes funèbres
Un cheval de corbillard s'échappe avec le mort aux dents.

Problème de maths
Sur la page de gauche : deux jeunes et frêles hypothèses. Sur la page de droite : un théorème aguerri et bien monté. En refermant le livre de maths de droite à gauche, les deux hypothèses ont failli être violées par le théorème, je dis bien "failli", car ce ne fut pas le cas. Alors, étaient-elles frigides ou vierges ? C'est à ce délicat problème que les élèves de seconde d'un lycée de Tendorpa-sur-Yvette devaient répondre ce matin. Séchant lamentablement, un cancre a répondu : "Je m'en

fous, de toutes façons, ce que je vois, c'est qu'aucune hypothèse n'a pu être écartée."

QUE FAIT RENÉ DUMONT ?
La marée noire d'Ouessant, c'est rien à côté de la marron causée par un coup de bite d'amarrage dans le trou d'un fut rempli de gaz liquide…

POLOGNE
A Gdansk, plus de 2000 militants de Solidarnosc sont descendus dans la rue. Il faisait beau.

CASINO SCANDALE
Un croupier indélicat vendait des impers et faisait payer les passes.

FOU VOLANT
Un jeune gardien d'immeuble fou d'aviation s'écrase au décollage avec son HLM.

ON CROIT RÊVER I
Il se donne un coup de tournevis dans le ventre, s'arrache deux dents avec une pince, se coupe deux doigts avec une lame, se sépare une jambe grâce à la scie, s'ouvre la lèvre avec un décapsuleur, s'arrache une paupière avec l'ouvre-boîte, se lime un coude et

s'extirpe un tympan avec un tire-bouchon. Un homme a utilisé à fond toutes les possibilités de son couteau suisse.

ON CROIT RÊVER II
Il n'y avait plus de papier dans les toilettes, le bidet était bouché, le lavabo fuyait. La baignoire était branchée sur le gaz, de la télé coulait du yaourt, les murs sentaient l'ornithorynque qui se néglige, les fissures des planchers étaient rebouchées avec des restes de corps humains.
L'ingénieur qui a créé Superphénix fait de bien mauvais rêves.

SIDA
Un espoir de vaccin.

BOURSE
Un espoir de reprise.

CHEVEU
Un espoir de repousse.

LOTO
Un espoir de gagner.

AGRICULTURE
Une ex-poire devient blette.

SAUCISSONNAGE

Après une simple coupure de pub, la scène-clé d'un film s'infecte et doit être amputée au montage. Le film fait maintenant la manche dans le métro, dans une petite caisse avec des fers à repasser, transformé en court-métrage.

DRAME

Une femme se tue en s'appuyant par inadvertance sur son mari qui dormait en chien de fusil. Il était chargé.

NOCES D'OR

L'homme le plus radin de monde vient d'épouser la première venue, celle-ci lui aurait fait des avances...

ACCIDENT

Un cadre de 60 ans périt sous l'éboulement d'une reconstitution de carrière.

ÉNIGME DE LA NATURE

Un immense pont pesant des centaines de millions de tonnes de béton Bouygues vient de pousser mystérieusement entre la France et l'île de Ré. Visiblement, personne ne sait comment ce pont est arrivé là, sans permis de construire ni autorisation aucune. Le commissaire Moulin, dépêché sur les lieux, a déclaré : “A mon avis, une entreprise qui peut faire un truc pareil, y’en a qu’une…”

Surprise, surprise

La femme qui crachait des petites boules sèches et noires, tous les matins, par la bouche, vient d’apprendre avec stupéfaction qu’en fait, elle avait un bec de lièvre vivant.

Fait tragique

Des cambrioleurs se sont introduits par effraction dans Josiane Poireau. Ils l’ont escaladée par la façade ouest ; puis, après être passés par le balconnet, ont cassé les volants pour entrer. Ils sont repartis avec une bléno, quelques morpions et une somme de 1200 francs.

Point de vue, images du monde

Après un repas pantagruélique, la reine Elisabeth a déclaré : “Quand je pense que tout ça, c’est pour le trône…”

CHU

Après les mandarines, c’est au tour des mandarins d’avoir des pépins.

Surpopulation

De plus en plus de beurs à la Grande Motte.

DRAME
Un porte-parole s'écroule sous le poids d'une phrase lourde de sens.

CANNIBALISME
Encore une maman retrouvée le nez mordu par son enfant mord-nez.

COURT-CIRCUIT
Un commissaire s'électrocute en effectuant la plus grosse prise de courant de ces dix dernières années. Il était en train d'installer un cordon de police quand il s'est aperçu qu'un des flics était dénudé.
C'est en voulant l'isoler à mains nues que le commissaire est tombé en prenant la décharge.

SCANDALE DE L'HOMOSEXUALITÉ
Chaque jour dans le monde, des centaines de pantalons se font enfiler…

TIERCÉ
A l'arrivée, les chevaux étaient tout emmêlés, sauf le favori qui s'est fait coiffer au poteau.

ART
La Cicciolina fait de la peinture et les experts sont formels, ses tableaux sont bien léchés.

En bref
Un impuissant essaie, en désespoir de cause, de se bander les yeux pour avoir un peu de plaisir.

Drame du bruit
Excédée par le bruit que faisaient des moutons sous une armoire, une femme de ménage massacre le troupeau à coups d'aspirateur.

Double vue
Une cartomancienne qui passait un examen médical de routine s'est aperçue qu'en plus de son don de voyance, elle avait un don d'urine.

Bonsoir, je suis Bruno Carette.
Bonsoir, je suis Chantal Lauby.
Bonsoir, je suis Alain Chabat.

Tous ces titres ne seront pas développés dans cette édition de…

MARS

Et toc!
"Hey ! Tu t'es pas vu, pomme à l'huile !", c'est ce que François Mitterrand aurait déclaré, après qu'Antoine Pinay a dit : "La place de Mitterrand est au Panthéon."

En bref
En bref : un enfant a été effrayé par son papa grippé qui se mouchait, après l'avoir entendu dire : "J'en ai plein le cul".

Narcisse
Un Esquimau fond en se regardant dans une glace (ainsi "fond" les marionnettes, ainsi fond le lavabo).

Drogue
Un avion de ligne colombien traverse un nuage de coke et éternue. Bilan : 137 morts.

Sponsoring
Chaque télespectateur qui pourra prouver qu'il regarde TF1 au moins tous les jours recevra en cadeau une "Audi" Mate.

Hygiène
Habitué à se laver avec un gant, un boxeur s'est écrasé les couilles.

Association de malfaiteurs
Dans le cas d'une victoire socialiste, Edouard Balladur a plaidé pour une "nouvelle confédération" regroupant les deux plus grosses formations de la majorité, le RPR et le PR, pour combattre plus efficacement la gauche. Il a rajouté, je cite : "Que dans le cas d'une victoire de Chirac, il est bien évident que c'est chacun pour soi". Fin de citation.

Aviation
On aurait enfin éclairci le mystère du boeing arrivé à Roissy complètement retroussé. Il s'agirait d'un défaut de pressurisation des toilettes. Un voyageur tirant la chasse aurait créé involontairement une dépressurisation

soudaine et l'avion se serait alors engouffré dans la cuvette pour se retrouver en quelques secondes dehors, à l'envers, retourné comme une peau de lapin.

TRANSSEXUALITÉ

Une mésange rêvait depuis toujours "d'en avoir". C'est chose faite puiqu'elle vient de se faire greffer une queue de pie.

LES DENTS

L'adolescent disparu, il y a deux jours, sur une plage du 3e âge à Cannes, a vraisemblablement été happé par une vieille moule.

OUTREMONDE

L'attentat à la réincarnation qui a eu lieu samedi, dans le cimetière de Salem, a fait plus de 300 vivants, dont 7 grièvement.

KOUROU, COUCOU!

Ariane a déjà été tirée 21 fois. Elle sera désormais tirée tous les deux mois. C'est pas bézef, mais ça vaut mieux que rien.

CLICHÉ

La mystérieuse photo d'un mort blanc crépu, allongé au soleil sur des boules de neige avec des lunettes de vue, n'était autre, heureusement, que le négatif d'une photo de vacances de Stevie Wonder se reposant la nuit sur un tas de charbon.

C'EST ENCORE L'HIVER
Encore un jeune chômeur pauvre, alcoolique, victime du vent glacial qui sévit depuis plusieurs jours dans la région de Quimper. Le jeune homme avait économisé sou à sou pour aller chez le coiffeur.
Il venait de se faire couper les cheveux avec la raie au milieu quand il est sorti en oubliant de remettre son slip. Il a attrapé un méchant rhume de cerveau et le drame s'est joué quand il s'est enfoncé le suppositoire bien profond dans l'oreille.

BON CHOIX
Si Michael Jackson ne veut pas d'enfant avec un gros pif, des cheveux crépus et des lèvres lippues, il va falloir qu'il épouse une clinique.

ATTENTAT
Attentat à la chèvre piégée : un légionnaire tué.

ERRATUM
Il ne fallait pas lire : "La cocaïne de "Bonjour tristesse" prenait de l'héroïne" mais bien

"L'héroïne de "Bonjour Tristesse" prenait de la cocaïne."

ILS RASSEMBLENT

C'était hier à Vincennes, devant 100 000 personnes, Jacques Chirac était venu soutenir Johnny Hallyday. Triomphe pour Johnny qui a eu trois rappels et qui a rechanté trois fois sa célèbre chanson "Que je t'aime" et six rappels pour Jacques Chirac qui a répété six fois le célèbre passage du programme RPR concernant la dénationalisation du secteur tertiaire.

HISTOIRE DE CUL

Un obsédé sexuel notoire est rentré hier, rue Saint-Denis, dans un cinéma qui affichait le film "Trous, boules et queues". L'homme, émoustillé à l'idée qu'il allait pouvoir furieusement se cirer le pingouin, a été bien déçu en s'apercevant que le film "Trous, boules et queues" n'était qu'un documentaire fadasse sur le billard. Il a porté plainte contre X.

DÉMOGRAPHIE

Il y aurait trop d'enfants en bas âge en Afrique du Nord.

Pour essayer de régler ce problème, le secrétaire d'état à la Jeunesse et au sport français a pensé que ce serait bien de faire passer le Paris/Dakar par le Maroc.

OUBLI

Frappé d'amnésie dans les toilettes, un homme ne se rappelait plus de ce qu'il avait fait de son index. C'est après l'avoir senti que les souvenirs lui sont revenus.

HOMMAGE À MISOU-MIZOU

En Irlande du Nord, à Belfast, la foule aurait lynché.

FINANCES

Prélèvements obligatoires : la banque du sperme se retire.

LA VIE DU RAIL

Une grève des personnalités du show-bizness vient d'éclater, à cause de l'offensive anti-drogue du gouvernement. Après les différentes saisies de cocaïne, la principale revendication du Tout-Paris des arts, des lettres, de la presse et du show-biz est, je cite : “Ne touchez pas à notre outil de travail.”

CHEF-D'ŒUVRE EN PÉRIL

Le conservateur du Musée du Louvre lance une souscription de 3 milliards 200 millions de centimes pour sauver saint Thomas, mort bienheureux en 1274 et peint par Latour vers 1630. Ce qui fait cher pour une tête de mort qui, en plus, à l'air de se foutre de la gueule du monde.

CARNET ROSE

Madame Pink Floyd va accoucher en Ecosse, puisque c'est là que les monstres du rock naissent.

DE FIL EN AIGUILLE

Une boule de latex a été trouvée par les policiers au domicile d'un couturier italien. Ce dernier effondré n'arrêtait pas de répéter : "On ne la verra plus chanter." En effet, Massimo, c'est son nom, lors d'un essayage, laissa tomber sa cigarette dans le décolleté de Sabrina ; cette dernière explosa, puis, dans un bruit de pet, s'envola dans le salon en se cognant aux murs et aux fenêtres, puis presque entièrement dégonflée, elle alla, comme attirée par le destin, finir derrière un caoutchouc, en faisant : "Boys". Gageons que le "Top 50" saura bien vite retrouver un nouveau produit increvable.

YAKMOUH

Une motte de beurre qui tournait depuis

deux jours dans un frigo, au-dessus d'une jeune tranche de steak, a profité d'une panne de courant pour attaquer. Le beurre a fondu sur sa proie en poussant un cri horrible : "Yakmouh !" sous les yeux de la cuisinière qui s'est évanouie, car c'est la huitième fois en deux mois qu'une demi-livre de beurre attaque son troupeau de steaks.

ROYAL

On vient d'arrêter un couturier terroriste anglais, armé de ciseaux, alors qu'il menaçait de se tailler un costume dans le Prince de Galles.

GUERRE DE RELIGION

En mer d'Irlande, une centaine d'huîtres hystériques ont lynché une perle.

DRAME

Un gilet a été tué par balles.

TERRORISME

Un homme qui ne pouvait plus débander a été reconnu comme ayant un membre en action directe.

MANIPULATION GÉNÉTIQUE

Jean-Marie Le Pen serait en train de faire

transformer 350 000 gégènes des années 60 en couveuses électriques afin de récupérer le plus vite possible l'électorat des prématurés. Pris de vitesse dans ce créneau, Jacques Chirac aurait décidé illico de cautionner la position dite de "la brouette japonaise" dans le but d'obtenir le vote des ovules fécondés de deux jours !

PÉCHÉ-MOIGNON
Deux manchots pris de querelle se sont embrassés, faute d'en venir aux mains.

GONFLÉ
François Michelin signe tous ses contrats avec une trace de pneu.

EN BREF
En bref, à Auzon, en Auvergne encore deux fermières victimes de la traite des vaches.

TRAGIQUE MÉPRISE
Il se prenait pour une banane. Il a fallu plus de 48 heures pour recoudre la peau du sexe de l'homme qui s'est fait tailler une pipe par un singe.

DEAL
Un trafiquant passe sa cargaison de drogue

dans un four, thermostat 8 : 3 kilos de haschich saisi.

Vivacité d'esprit

Le Suisse qui s'était tiré une balle dans la tête il y a quatre ans est mort aujourd'hui.

Mode

Cette année, le chapeau se portera sur la tête... Très classique somme toute.

Conflit Irak-Irak

A Washington, le porte-parole de la Maison Blanche a déclaré mercredi, à propos du bombardement chimique irakien : "Nous condamnons l'usage des armes chimiques et bactériologiques." Il a qualifié les images montrées à la TV américaine "d'horribles et de dégoûtantes". Le porte-parole américain souhaiterait que l'Irak continue la guerre de façon plus humaine, avec des bonnes vieilles armes, "surtout, a-t-il ajouté, qu'un coup de vent est si vite arrivé".

Plus beau que moi tu meurs...

Il est fatigué, usé, hagard, barbu, chevelu, avec deux hématomes jaune-violet : un au front, l'autre à la joue gauche et un œil au beurre noir. Il a perdu dix kilos. Ses dents sont pourries et il sent mauvais sous les bras, mais tout le monde continue quand même à l'appeler "le beau Serge".

DRAME DE L'AMITIÉ

Ils étaient deux amis, ils étaient deux copains.

Rien ne semblait devoir les séparer. Ils partageaient tout. Leurs sorts étaient liés. On ne les voyait jamais l'un sans l'autre. Ah ! Si les hommes pouvaient leur ressembler, le mot "frères" aurait enfin un sens. D'aucuns les surnommaient les durs à cuire...

A cause d'une poule de merde, deux œufs viennent de se brouiller.

HOLIDAY ON ICE

"Holiday on ice" était trop éclairé. La glace a fondu.

Des milliers d'enfants ont assisté, impuissants, au spectacle navrant de Snoopy et Mickey se débattant dans la pistache et le chocolat.

MST

Lasse de voir son bateau se couvrir de pustules au contact des moules, un marin chercheur vient de mettre au point un vaccin contre les monocoques.

Sondage

Pour faire l'Europe, il faudra augmenter nos impôts. A la question "Alors, on fait l'Europe ou on se fait enculer ?", 98 % des Français répondent : "Vous savez, moi, l'Europe..."

Gérontologie

C'est une estimation : en l'an 2000, un arbre parisien sur 5 sera mort de vieillesse. Ce qui fait, si on calcule bien, que dans 12 ans, une voiture sur 5 pourra se garer.

Les risques du métier

Son menton a soudainement quitté la paume de sa main droite posée grâce à un coude et sa tête est venue frapper lourdement le bureau. Une fois de plus, un fonctionnaire s'est tué au travail.

Au Bois

En bref, les Brésiliennes du Bois de Boulogne très affectées par la nouvelles mesure des ministres de l'Agriculture des Douze, mesure interdisant la viande aux hormones.

Drame de la vieillesse

Presque grabataire, il était incontinent et tenait en bavant des propos incohérents. Ses parents ne pouvaient plus s'en occuper, ses enfants ne voulaient plus de lui : Michel Debré vient d'entrer à l'Académie Française.

MÉDIAS
Un homme blanc taché de sang a déclaré : "Je ne suis pas chirurgien, je viens juste d'ouvrir Paris-Match."

SOCIAL
Nous sommes maintenant en mesure de donner les chiffres du chômage ; pour gagner, il fallait jouer le 2 millions 6.

MÉDECINE
Amputation, un espoir de repousse.

DÉCOUVERTE
Comment se propage le sida : vite.

ÉTRANGER
Boy George : profonde.

FRIGIDITÉ
Les médecins font appel à des dons d'orgasme.

SACRILÈGE
L'incendiaire d'église avait 11 ans. les poli-

ciers ont interpellé aujourd'hui ce jeune pyromane qui avait mis le feu à la maison de Dieu. Il s'est fait engueuler, mais c'est rien à côté de ce qu'il va prendre après sa mort.

La mort au dents

Pendant une course de trot attelé, un cheval a freiné brusquement. Bloqué net, le jockey a été violemment expulsé de son sulky et est venu s'encastrer en entier dans l'anus du cheval qui s'est écroulé en extase, mort étouffé par la cravache.

Vieux rat

Michel Debré enfin sous la coupole. Étonnez vos amis ! Accompagné d'un bout de gruyère ou d'une tranche de brie, posez-le sur la table. Les rires sont assurés.

Querelles intestines

Le chieur qui avait été interpellé dimanche pour une merde a été déféqué au parquet de Paris.

Drame culinaire

Un œuf a été battu à mort à coups de fouet.

Proces de la Mafia

Cosa Nostra, ma tête est malade.

TAPIN

La prostituée du port de Saint-Malo préférait les bittes d'amarrage aux nœuds de marin.

DÉCHÉANCE

Un radiateur qui avait commencé en fonte a fini en taule.

AFFAIRE DE FAMILLE

Robert Mitterrand vient de sortir aux éditions Robert Laffont un livre intitulé "Frère de quelqu'un". Un très beau livre que je vous conseille, au suspense inouï, puisqu'on ne connaît le nom de ce frère qu'à la dernière page.

TIRAGE

En demi-finale de coupe d'Europe, le W.C. de Marseille se fera-t-il nettoyer par l'Ajax d'Amsterdam ? Réponse en avril, et... aux chiottes, l'arbitre !

REMÈDE MIRACLE

Vous êtes en bonne santé ? Vous n'avez ni démangeaison de l'épiderme, ni même le moindre petit cancer ? Tout peut s'arranger puisque, on ne le sait pas, les centrales nucléaires se visitent. Pour tous renseignements, téléphonez à l'EDF au : 42 89 94 10

Portugaises ensablées

Le douanier qui parlait gentiment à un cargo depuis trois jours a été sauvé de la déshydratation par ses collègues. Il avait confondu raisonner et arraisonner.

Mauvais Message

Un message personnel : Maryse, j'ai oublié les clefs de la maison. Peux-tu mettre Philippe Gildas sous le paillasson ?...

Pipicacadodo

Un incontinent qui portait sept ou huit couches sur lui a été inculpé d'abus de Confiance.

Sport

Encore un record battu hier devant 3000 personnes indifférentes.

Pour que plus jamais ça : adhérez à SOS Records battus.

Floralies

Ses socquettes ont poussé en collant blanc. Un frisson inconnu a fait naître son sexe. Sa tignasse en broussaille a frisé joliment, ses yeux se sont ouverts et son appareil est tombé de ses dents.

Elle a mis sa petite poitrine en avant et puis

elle est partie en oubliant de dire “Au revoir maman ...”
C’est à cause du regard timide d’un garçon que pour la première fois, une plante en boutons a fleuri en sortant de son pot. Elle vient de quitter son tuteur...

TRAGIQUE DÉCOUVERTE
Il vivait depuis 1774 dans un local de 2 mètres sur 0 m 60 sans fenêtres, seul, oublié de tous, ne se nourrissant que de vers de terre et de mauvaises racines : Louis XV vient d’être retrouvé mort dans son caveau de famille.

ITALIE
Une jeune femme a volé le passage d’une moto en tirant sur son sac à main.

PROVERBE JUIF
Il vaut mieux prêter à sourire que donner à réfléchir.

TROP TARD
Victime d’un cri perçant, un homme s’est écroulé hier en pleine rue. Hélas, malgré l’arrivée rapide du SAMU qui lui pratiqué immédiatement le bouche-à-oreille, l’homme est resté sourd.

Bonsoir, je suis Bruno Carette.
Bonsoir, je suis Chantal Lauby.
Bonsoir, je suis Alain Chabat.

Tous ces titres ne seront pas développés dans cette édition de…

AVRIL

ORTHOGRAPHE I
Pédoque, ça prend un Q à la fin.

ORTHOGRAPHE II
Oiseau, ça s'écrit avec un I.

ORTHOGRAPHE III
Dans pantalon, y'a pat d'F.

ORTHOGRAPHE IV
Dans lapin, y'a un P.

ORTHOGRAPHE V
Dans l'amour, y'a pas de N.

ORTHOGRAPHE VI
Dans désert, y'a pas d'O.

ORTHOGRAPHE VII
Par contre dans Mitterrand, ça manque pas d'R.

MISE AU PONT

Pascal Sevran, présentateur-producteur, nous demande de préciser que les manifestants du Front National ne hurlaient pas “la Chance aux chansons” mais “La France aux Français”.

MISE EN GARDE

Une femme mariée grièvement blessée par un homme qui avait jeté son dévolu sur elle. Nous vous rappelons que le jet de dévolu est interdit, surtout sur les femmes mariées.

RÉVÉLATION

Mis à part qu’il lave tout du sol au plafond et qu’il joue les gros bras dans une cuisine, dans la vie de tous les jours, Monsieur Propre serait une vraie tache.

FAIT DIVERS ATROCE

A Ajaccio, en Corse, un jeune Maghrébin s’est littéralement liquéfié sur le balcon d’un immeuble.

C’est le huitième cette semaine. Il est donc urgent de rappeler que par temps chaud, il ne faut pas laisser le beur au soleil.

COMPLEXE

Même toute petite, Ines était déjà grande.

Complexe II
Même tout petit, Philippe Gildas était déjà petit.

Spécial Glénans
Selon un sondage paru dans “Windsurf Magazine”, les lâches préféreraient naviguer sur un vaurien plutôt que sur un optimiste.

Couvre-chef
Coiffé d’un pneu, un chapelier monte dans sa voiture et démarre sur les chapeaux de roues.

Étonnant !
L’homme nu le plus flegmatique du monde a eu une érection sans bouger d’un poil.

Proverbe
Camembert Président : dessous la croûte, il pue longtemps.

Don d'ubiquité
Charles Pasqua est un des rares à pouvoir voir un ministre de l’intérieur.

Court-jus
Un électricien s’électrocute et se sauve en courant.

Ouf

Un cultivateur qui sillonnait tranquillement son champ s'est fait attaquer par son propre sac de semence. Poursuivi par ses graines redevenues brusquement sauvages, le paysan a finalement réussi à les semer.

Édition spéciale

Oui, vous vous en doutez : une édition spéciale pour le JTN de ce soir. Spéciale à plus d'un titre, mais nous aurons l'occasion de le développer tout au long de cette édition, sur laquelle nous avons travaillé toute la nuit d'hier et la journée d'aujourd'hui, lundi 9 avril. Depuis le début de ce week-end, la France est sous le feu des projecteurs internationaux et a mobilisé dans l'hexagone toutes les énergies et toutes les passions. Les observateurs, les spécialistes ont analysé la nouvelle depuis vingt-quatre heures, l'ont disséquée et, à presque 20 heures, nous sommes en mesure d'en faire la synthèse.

Synthèse

Les chiffres : ce qui est sûr, c'est qu'ils en ont étonné plus d'un. Certains les ont même niés, disant qu'il y avait trucage dans la balance.

On a même demandé des vérifications.

Vérifications qui ont été effectuées et qui confirment ce chiffre hallucinant.

HIT-PARADE DU SIÈCLE

“C’est nous, les gars de la marine...” Une femme a entendu son hamster femelle chanter cette célèbre chanson dans sa petite cage. Etonnée, elle a sorti un canif et éventré l’animal pour voir si par hasard, elle n’avait pas avalé un magnéto.

Eh non... Cette jeune femme ignorait que dans le corps des hamsters dames, y’a des marins qui chantent.

SPECTACLES

Hugues Aufray a été violé par quinze hommes dans un club gay à Paris dans le 7e arrondissemnt.

Ignorant tout de l’endroit, il a sorti sa guitare au milieu de la soirée pour entonner “Santiano”. Les quinze violeurs ont tous déclaré avoir compris : “Debout les gars, réveillez-vous, il va falloir m’en mettre un coup.”

COLOMBIE

Dans les toilettes d’un avion qui le ramenait du Tibet, un Chinois en a profité pour couler un bonze.

La France avance
En atteignant la piste la plus haute d'une station de ski à cheval sur son téléviseur, un homme a fait la preuve que le télésiège est une belle invention.

Médecine
A la suite d'un accident de la route, un homme s'était fait greffer l'urètre sur les glandes lacrymales. Ce qui lui fit dire un jour à sa femme : "Ce n'est pas la fumée de ta cigarette qui me fait pleurer, mais la bière qui me fait pisser."

Coup de filet
Victime d'un coup de filet sans précédent, un bouchcr a dû être hospitalisé.

Drame de la boisson
Et puis, j'apprends à l'instant qu'un jeune chômeur pauvre et alcoolique vient d'être retrouvé complètement imbibé d'alcool à 90°.
Il avait tenté de désinfecter ses hémorroïdes par l'intérieur.

Glissade
Un homosexuel a porté plainte contre un tire-fesse qui lui aurait fait des avances.

PAF

Dans le paysage audiovisuel français, avouez que c'est formidable d'avoir six chaînes, comme ça au lieu de voir un film 1000 fois, on le verra 6000.

COQUILLE

Secrétaire un peu sourde, mauvaise articulation au téléphone ou dyslexie ? Toujours est-il qu'Alain Decaux devait écrire plusieurs ouvrages concernant la Rome antique. Il se retrouve aujourd'hui, après une futile erreur et un contrat signé, obligé de raconter en douze volumes l'histoire de la Rome en kit. Aux dernières nouvelles, l'historien célèbre erre lamentablement dans les rayonnages d'Ikea.

PROPRETÉ SUISSE

Deux millions de francs suisses d'amende : un Canadair aurait pissé contre une montagne.

BZH

Un restaurateur breton a été victime d'un creptomane.

RÉVÉLATION

Jugée trop maigre, Nancy Reagan décide,

pour avoir du ventre, d'abandonner le port du soutien-gorge.

En bref

Aux élections, tous ceux qui se présentent ont un œil, un nez et un cul. L'endroit qu'ils choisiront pour y mettre leur doigt fera la différence.

Drame du zapping

Un télespectateur a sauté sur une mire.

FNAC

Ce matin, un client est parti en pleurant, mais heureux. En effet, cela faisait deux heures qu'un vendeur le félicitait d'en avoir six.
Et c'est après mûre réflexion que le disquaire a réalisé que le client disait "Genesis".

Au ras des pâquerettes

Jean-Marie Le Pen a comparé, hier, Jacques Chirac à un bourricot. Jacques Toubon et Brigitte Bardot viennent de porter plainte, mais pas pour les mêmes raisons.

Néo-testament

Le cuisinier Abel est mort en se jetant dans une cocotte.

Dans la cuisine, Eve, sa mère, a trouvé un mot avec ces quelques lignes : “L’ail était dans la daube et surveillait le gratin.”

LE PARFUM

Hier, dans Paris, ça sentait la merde. Normal, c’était l’ouverture de la Foire du Trône.

IMPORT-EXPORT

Les voitures françaises marchent bien au Japon. Surtout avec de l’essence.

TIREZ ! LA CHASSE EST OUVERTE

Un chasseur lit mal la ponctuation et noie son setter dans la cuvette des chiottes.

DRAME DE LA ROUTE

Ivre, un chauffard roulait complètement à gauche, c’était hier soir à Londres.

RÉVÉLATIONS

Et puis, je reçois à l’instant une dépêche qui révèle que Léonard de Vinci peignait au millième de seconde.
C’est ainsi qu’il ratait le rocher tombant sur la Vierge, dans “La vierge à l’enfant”, mais qu’il réussit à fixer rapidement la Joconde en train de péter.

Paranormal
Les portes s'ouvraient quand les tiroirs se fermaient, à l'intérieur les assiettes sautaient sur les verres, les couteaux sortaient, les fourchettes servaient d'otages : un antiquaire vient de vendre son vaisselier en cèdre du Liban.

Métamorphose
L'escargot géant trouvé hier soir dans un camping de Roubaix n'était en fait qu'un campeur fou avec une passoire sur la tête qui dormait, allongé sous sa caravane en bavant.

Guiness Book
L'homme élastique s'est mordu le nez en sifflant.

Erreur judiciaire
Un pet a été arrêté, puis relâché, faute de preuve. Les policiers n'avaient retrouvé aucune trace de pneu dans le slip.

France trop riche
La France a-t-elle du cholestérol ? Nous le saurons après l'analyse d'urne.

Le grand pied
La jeune fillle retrouvée nue en haut d'un pin

au sommet de la dune du Pilat, encore secouée de spasmes, un large sourire de jouissance béate aux lèvres, venait de se baigner dans l'océan. Profitant de la solitude de l'endroit, elle s'était accroupie dans l'eau afin d'y faire son petit besoin. C'est à cet instant que le poisson-torpille a chargé.

VOCATION

"Je veux être payé à rien foutre." C'est ce que vient de déclarer l'homme le plus fainéant du monde en posant sa candidature de photographe sportif au journal "Le Monde"...

VOCATION BIS

J'apprends à l'instant que l'homme le plus fainéant du monde, qui veut absolument être sûr d'être payé à rien foutre, vient de poser sa candidature comme speakerine à Canal +.

UN MÉTIER POUR LA VIE

L'homme le plus fainéant du monde, qui voulait d'abord être photographe au journal Le Monde, puis speakerine à Canal +, vient de décider finalement d'être pilote à Air Inter.

TECHNIQUE DE POINTE

A l'image des nageurs olympiques qui se font

raser les cheveux pour améliorer leur pénétration dans l'eau, les cyclistes du Paris-Roubaix se font limer les épaules, arracher les oreilles et surtout se ramollissent la tête en la plongeant dans un liquide composé de jeux télévisés et de campagne électorale.

Hi-fi
Les ânes se ruent au salon du son à la porte de Versailles.

Hygiène
Attention ! Les avocats véreux s'attrapent dans les cabinets malpropres.

Économie
"Si la balance extérieure des paiements est toujours en déficit, a déclaré ce matin le ministre du Bon sens, c'est parce que personne ne la surveille, que ces crétins du gouvernement la laissent à l'extérieur, et évidemment tout le monde tape dedans." Fin de citation.

Découverte surprenante
Ils avaient un bras dans le ventre et un bras dans le dos. Ils n'avaient qu'une narine au nez qui leur servait d'oreille droite. Ils avaient un cou très fin et une jambe plus courte que

d'autre, une sur le sexe et une dans l'anus. Les Egyptiens n'étaient pas dessinés de profil mais bien de face.

PRÉVENTION ROUTIÈRE
Ne buvez plus au volant, buvez à la bouteille.

TITRE DE MINUIT
Un homme-sandwich, complètement beurré, tente de se suicider en se jetant dans un café.

TOP 50
Elsa privée de tournage, elle avait mis ses coudes sur la table.

CHILI
Les sex-shops font fortune en vendant aux jeunes filles la fameuse pine-hochet.

ON CROIT RÊVER
Evénement aujourd'hui sur l'autoroute de Normandie. En effet, la gendarmerie avait mis en place des radars beaucoup trop puissants et a arrêté trois avions, un sous-marin, un bateau de pêche et une partie des côtes anglaises.

ELLE EST BIEN "BONNE"
Et puis, j'apprends à l'instant qu'un produc-

teur lance sur le marché du livre et du disque une jeune chanteuse portugaise encore plus pauvre que Linda de Suza. Titre du livre, comme du disque : “Mon carton en carton”.

SPORT
Une jeune gymnaste roumaine qui s’élançait pour le saut de cheval d’arçon a raté son double flip-flap arrière vrillé et s’est retrouvée quatre mètres plus loin avec la tête dans le cul.

HALTE AU PORNO
Tous les jours, des millions de pilules se feraient sucer.

IDÉE FIXE
Du cannabis en branche et des feuilles de coca plein le cerveau, un junkie est mort, un arbre à came en tête.

SOLDES
L’homme qui a racheté un pantalon “Karting” a retrouvé des traces de pneus dans son slip.

GUINESS BOOK
Un contorsionniste qui s’est suicidé a réussi à mourir sur le cou.

Salon du cul

Les dernières nouveautés du salon du cul en Ardèche, avec des articles très remarqués comme : la bite en rotin, les couilles en terre cuite et les capotes en macramé.

Pour les femmes, des housses de foufoune en peau de chèvre. Et pour les loisirs des petites et des grandes, des godes en poterie à l'eau de source.

Top 50

La musique est un cri qui vient de l'intérieur : Bernard Lavilliers a pété.

Accessoires

Un écrou se fait dérouiller pour assouvir ses vis.

Tiercé

Alors qu'il préparait ses pronostics chez le coiffeur, André Thérond se fait couper les favoris.

Anathème

Une paysanne du Soissonnais qui avait déjà été condamnée à 2 ans de catéchisme pour avoir loué le Seigneur à un musulman vient d'être arrêtée par les gardes suisses de l'évêché pour avoir tenté d'élever son âme en lisant la Bible en mormon. Rappelons que l'élevage des âmes est interdit en dehors de l'enceinte des églises et que, de toute façon, les femmes n'ont pas le droit d'en avoir.

FAIT DIVERS

Drame de la calvitie : un chauve portant une minerve, le crâne rougi par le soleil, s'est fait sucer la tête par un déséquilibré qui l'avait pris pour un cornet de glace à la fraise.

EN BREF

Deux femmes d'infirmiers sont passées à l'action.

Depuis, elles ont un blanc impeccable même à basse température.

TERRE DES BÊTES

Allain Bougrain-Dubourg lance une nouvelle émission doublée d'une opération de grande envergure : il s'agit de sauver les derniers communistes en France. Il réimplanterait donc un jeune couple dans un milieu artificiel reconstitué pour l'occasion où ils pourraient procréer. Brigitte Bardot a déjà décidé d'en adopter un. Antoine Waechter vient d'apporter son soutien à André Lajoinie pour cette opération intitulée : “Un arbre, un communiste”.

Pub

Incontinents, faites comme les cosmonautes de la navette spatiale américaine, portez les couches “confiance”... Couches “confiance” : quand votre tour de contrôle ne répond plus.

Code de la bi-route

Une pédale d’embrayage tombe amoureux d’un piston et lui roule une bielle.

Constatation

Un homme qui porte un tricot de peau est à reléguer au même rang qu’une vache qui porte un blouson de cuir.

Conseil beauté

Votre Front National se dégarnit ? Votez Jean-Marie Le Peigne.

Motards en colère

Scandale dans le monde des deux-roues : les motos japonaises ont des moteurs bridés.

Mode

Vous savez bien entendu qu’on ne dit plus “aveugle” mais “non-voyant”, qu’un sourd est appelé maintenant “non-entendant” et que les morts sont devenus des “non-vivants”. C’est au tour des femmes qui refusent la fellation de changer de nom maintenant puisqu'on les appellera désormais les "non-d'une-pipe".

MÉPRISE

Il confondait "Tourte aux cailles " et "Tarte aux couilles", un cuisinier s'est grièvement blessé.

EN BREF

Un Boeing qui sautait sur place en tenant des propos vaseux a attiré l'attention d'un douanier. Après dix minutes d'investigation, la brigade anti-drogue a trouvé 10 kilos de cocaïne dissimulés dans le nez de l'appareil.

Bonsoir, je suis Bruno Carette.
Bonsoir, je suis Chantal Lauby.
Bonsoir, je suis Alain Chabat.

Tous ces titres ne seront pas développés dans cette édition de…

MAI

FAIT DIVERS IGNOBLE

A Quimper en Bretagne, une Bigouden s'est virtuellement désintégrée sur le pas de sa porte. Il est donc urgent de rappeler qu'il est interdit de laisser sa bigouden sur le pas de sa porte.

PAS SI BÊTE

Alors que tout le monde pensait qu'il était sagement endormi sur la table d'opération, un taureau, dans un ultime sursaut, refuse de se faire castrer et, en signe de prostestation, met son véto.

ÉCOUTEZ, VOUS ALLEZ RIRE

Il était blanc, avec un peu de gris, sans autocollant, sans fille nue, sans sapin de Noël dans la cabine : les routiers ont déclaré qu'ils n'avaient jamais vu un camion si terne.

PROGRÈS

Grâce à la pollution de l'eau par du mercure, les habitants de Seine-et-Marne vont pouvoir prendre leur température en se mettant directement leur robinet dans le cul.

C'EST POSSIBLE

Le propriétaire du bar-brasserie-hôtel “Le Corail”, juste en face de la gare du Havre, vient de recevoir une lettre de la SNCF lui réclamant 2 % du chiffre d'affaires annuel.
La SNCF affirme qu'elle est la seule propriétaire de la marque “Corail”. D'autre part, à chaque fois que les clients diront “A ta santé” dans cet établissement, le patron devra verser 2 francs à la prison du même nom.
En contrepartie, le propriétaire du bar “Corail” a fourbement déposé à la société des auteurs le mot “grève”. Et là la SNCF, aux dernières nouvelles, fermerait sa gueule.

RHAA LOVELY

Une cabine téléphonique a connu l'orgasme lorsqu'un usager a placé sa grosse pièce dans la fente.

BONNE NOUVELLE

Quatorze kilos sept ! C'est la plus grosse limande jamais pêchée en Méditerranée.

14 kilos 7 !Comme vous disait, on a d'abord cru à un canular, puis à une erreur.
Puis on a bien dû admettre l'évidence : on venait de pêcher en Méditerranée une limande de14 kilos 7.
Cette limande, pêchée au large de Cannes, hier dimanche 8 mai, le jour de la fête de Jeanne d'Arc, a tout naturellement été baptisée... Roger.
Cette limande est un mâle.

ILS SONT FORTS CES ALLEMANDS
Les Allemands sortent la première voiture qui se boit après manger : l'Audi Cointreau.

INTRIGUE POLICIÈRE
Un policier qui regardait ses pieds a découvert avec horreur trois cors dans ses chaussures.

GAIN D'ÉNERGIE
Trop fatigués de dire "Ta gueule connard", les employés de TF1 ont décidé de peindre ces quelques mots sur la porte d'Etienne Mougeotte.

PAS DE FUMÉE SANS FEU
Grève générale dans un paquet de "Marlboro light". Le mouvement est né d'un conflit

entre le papier qui détient 5 % des parts et le goudron qui a, lui, 0,9 %, le premier trouvant inadmissible le monopole du tabac, outrageusement majoritaire à 90 % et le second qui trouve une raison de plus de s'imposer sur le marché du poumon. Le papier, estimant qu'il se faisait rouler, a jugé bon de ne pas se présenter ce matin au conseil d'administration.

SPORT

Au championnat du monde d'émasculation, c'est le turc Yaphet Castro qui l'a emporté à l'arraché.

ENQUÊTE

Le pool nicotine, nettement minoritaire, avec 0,09 %, reste solidaire du tabac.

sur leur avenir, les agents de saveur et de texture, qui se partagent 5 % des actions, ont déclaré qu'ils n'en avaient rien à foutre et que si la cigarette venait à s'éteindre, ils trouveraient toujours à se recycler dans la nourriture ou dans les bonbons pour enfants.

DRAME DE L'IMPRUDENCE

Sans doute prise de remords après avoir entendu le récent appel de Brigitte Bardot à la TV, une charmante vieille dame qui partageait sa solitude avec un charmant petit sac à main en croco a généreusement décidé de lui rendre sa liberté.

Après l'avoir bien nettoyé, puis nourri une dernière fois avec un peu de graine, elle est allée, triste mais décidée, relâcher son petit compagnon sur le rayon de sa maroquinerie natale.

Malheureusement, alors qu'elle se penchait par-dessus le comptoir pour lui faire une dernière caresse d'adieu, la vieille dame a été happée par une valise.

Printemps

Alors qu'elle s'était agenouillée pour respirer un lis, prenant garde à ne pas froisser sa jolie robe de mousseline blanche, fleur parmi les fleurs, le visage couvert de boutons acnéiques juvéniles, une jeune fille en émoi s'est fait cueillir la tête.

Le grand cirque

C'est fini. Il remballe le grand chapiteau, quitte la capitale après deux ans de triomphe. La caravane s'est reformée et déjà le long cortège de roulottes chamarrées s'étire au pas des chevaux vers nos belles routes de province.

Les animaux sont un peu tristes. Monsieur Loyal, après un dernier geste de la main, a écrasé discrètement une larme furtive, sachant bien que nous ne reverrions pas avant longtemps la joyeuse troupe des enfants de la balle amuser à Paris les petits et les ‘phants.

Adieu los Chiracs, au revoir les Barros, à bientôt Pasquaqua et Pandrodro, les gentils clowns à l’accent si chantant. Votre souvenir restera gravé à jamais dans nos cœurs d’enfants. Mais peut-être qu’un jour vous reverrons-nous ?

Eh oui, ainsi va la politique et son long cortège de clowns tristes…

CONTES

Pour les déconneurs, sortie chez Albin Michel, sur papier Q couché parchemin 40 grammes, du premier tome de l’intégrale des contes de Pet-Rot (Prout ! Brat !)

Eh oui ! Notre journal s’adresse aussi à ceux qu’un rien fait rire…

LE GRAND ROSE

On a frisé la catastrophe sur la croisette. En effet, Jacques Lang a proposé ses services à Cannes pour inaugurer le festival. Le nom même de l’ancien ministre a semé la panique. A l’annonce possible de sa venue, les gens ont quitté les salles et se sont massés sur la plage. C'était horrible. Dans l'affolement, on a même perdu Philippe Gildas. C'est un enfant qui l'a retrouvé ce matin. Il était dissimulé sous son seau à pâtés. L'animateur-vedette, je vous rappelle que Philippe Gildas avait animé "La tête et les jambes", avait commencé à creuser une galerie dans le sable et se nourrissait de puces d'eau. Il avait plutôt bonne mine. Ouf ! Plus de peur que de mal !

LE SAVIEZ-VOUS?
Les éléphants sont les seuls mammifères à avoir la bite entre les yeux.

LE SAVIEZ-VOUS VRAIMENT ?
L'homme est le seul poisson à avoir la queue entre les jambes.

ANOTHER COUNTRY
Un agent double est décédé à Moscou. Il lui reste à mourir à Londres.

DÉCALCOMANIE
"La religion est l'opium du peuple" disait Raymond Poulidor... Fort de cette maxime, Jean-Paul II s'est complètement cassé la tête à la feuille de coca, lors de sa visite en Bolivie. Soutenu par deux gardes suisses

hyper-cool, le souverain pontife, maximum déglingué, a psalmodié un vague message de paix en tirant sur un tarpé géant. Prêchant l'amour universel, il a jeté sa robe au public en extase puis, les cheveux tressés de fleurs, il s'est jeté sur un éléphant rose et l'a intronisé.

CHINOISERIES

En Chine, une femme de 72 ans tombe deux fois enceinte en deux ans. François Mitterrand lance un appel à toutes les grand-mères françaises afin qu'elles suivent cet exemple pour repeupler la France. Aux dernières nouvelles, Denise Grey serait en train de s'envoyer en l'air comme une folle du côté d'Ibiza.

On ne connaît pas encore le nom de l'heureux futur papa.

JUSTICE

Le videur de Lyon qui avait poignardé, en 85, un jeune Maghrébin a dit pour sa défense : “J'ai fait mon travail. On m'a demandé de vider… Je l'ai vidé.”

CONSEIL PRATIQUE

Rien ne vaut le papier cellophane pour bien conserver la marchandise. Pensez-y avant de faire l'amour …

Festival de Cannes
Un critique de cinéma daltonien croit voir “Le Grand bleu” et se fait le grand vert. Aux dernières nouvelles, le journaliste compte épouser le martien dès la fin du festival…

Happy people
Quand environnement rime avec peuplement. Les pluies d’acide dans les Vosges attirent de plus en plus les babas psychédéliques des quatre coins d’Europe…

Orly
180 passagers en colère occupent toute la nuit un avion. Le syndicat des preneurs d’otages proteste.

Festival de cannes II
Ça se fait tellement chier ici, à Cannes, que même la palme dort.

En bref
Des alcootests ont été placés dans trois discothèques de Strasbourg.
Hier, trop bourré peut-être, un client d’une de ces boîtes de nuit n’a pas trouvé l’éthylotest et a soufflé dans la patronne qui a immédaitement viré au mauve avant de s’envoler sur une éponge.

EN BREF, ENCORE
Son porte-jarretelles était trop court, la Cicciolina est arrivée avec un genou dans l'œil.

STARLETTES CANNOISES
Quand, à Cannes, les photographes de starlettes disent : "Encore une de tirée", c'est pas forcément de la photo dont ils parlent.

AU PALAIS
"Les ai-je bien montées ?"
La Cicciolina parlait, cette fois, des marches du Palais.

CHILDÉRIC À CANNES
Une baigneuse attaquée par un grand rouquin blanc.

LE GRAND BLEU
Lorsqu'il n'y a plus d'air dans leurs bouteilles, les plongeurs professionnels peuvent rester encore cinq minutes sous l'eau en rotant.

LE KID
Robert Redford ne s'épile pas les sourcils. C'est ce que l'on apprend en lisant le livre de Michael Rifouny, son chauffeur, qui a tra-

vaillé pour lui plus de 25 ans et qui publie actuellement : chauffeur d'une star.
En revanche, toujours selon Monsieur Rifouny, sachez, Mesdames, qu'il adore lâcher des petites louisettes à l'apéritif pour épater ses amis, et qu'il chie tout ce qu'il bouffe.

C'EST PAS DE LA TARTE

Un boulanger belge en vacances en camping à Cannes avec trois copains a fait le pari de manger un palmier sans respirer. Il a gagné. Le deuxième, en gage, a dû s'avaler une religieuse avec la cornette. Piqué au vif, le troisième joyeux campeur a bouffé deux millefeuilles imprimés en braille.
Aujourd'hui, le pâtissier vient de chier le tronc du palmier. Et donc, il attend les feuilles pour…

SOS

Un pêcheur irlandais perdu en mer a réussi miraculeusement à signaler sa position en fabriquant un alphabet avec des morses…

TOILETTES DE PRINTEMPS

Un jeune retraité niortais pulvérisé par la grève éclair de son quotidien régional préféré. L'homme était aux toilettes quand son poste de télé a implosé alors qu'il tentait de se torcher avec le journal de PPDA.

Canal Peluche
La Cicciolina a ses ours

Pull over
Un mouton tondu quatre fois en un mois. Pourquoi tant de laine ?

Cérémonie émouvante
Pour son départ à la retraite, un menuisier a serré une centaine de poignées de portes.

Le saviez-vous ?
Si les coqs sourds chantent fort, c'est pour prévenir les hiboux aveugles qu'il fait jour.

Aviation
Marché du siècle pour Airbus Industrie : la firme internationale Lease Finance Corporation vient en effet de passer commande ferme de 46 Airbus à 3 francs 20

Business
Les restaurateurs, les limonadiers, les buralistes et les marchands de capotes se frottent les mains.
En effet, pour 3 millions de musulmans en France, c'est la fin du ramadan.

LE GORILLE VOUS SALUE BIEN

Roger Hanin abandonne le gorille. Le gorille réclame une pension.

FARRUGIA ITOU

Dominique Farrugia, lui, vient de s'acheter une paire de lunettes à monter soi-même. "Il ne sera pas dit que je n'ai rien pu monter à Cannes" a déclaré le sympathique M. Météo des Nuls.

REVIVAL

Retour aux sixties à Jérusalem avec un rock juif qui fait sensation et dont voici les premières mesures: "Well it's a one for the money, two for the money, three for the money, four for the money..."

FAIT DIVERS

Nancy Reagan file ses bas en passant le rideau de fer.

FÊTE DES PAIRES

Offrez des couilles !

ÇA L'AFFICHE MAL

Projection à Cannes du film : "Hôtel Terminus". 4 h 27 consacrées à Klaus Barbie. Les palaces de la région protestent eux aussi contre cette publicité déloyale et déclarent : “Chez nous aussi, on a des douches.”

Échos du Festival

On croit toujours que ça n’arrive qu’aux autres. Eh bien non : une femme a vu Gilles Jacob qui se grattait le cul.

Régime matrimonial

Yves Saint-Martin divorce. Faisant croire à un régime basses-calories, sa femme en profitait pour se taper un jockey tous les matins.

Avis

Nous rappelons que dans le Midi, certains fruits sont interdits à la vente. Notamment les mûres, qui sont pleines de pierres, et les baies, qui sont pleines de vitres.

En bref

Un jeune plagiste atteint d’une MST a réussi, en pétant dans son string, à jouer un la bémol.

En bref, toujours

C’est le Vatican qui le dit, un prêtre qui fait l’amour doit être défroqué, mais la femme peut garder ses collants.

CE QU'IL FAUT SAVOIR

Vous aimez l'étymologie ? En voici : starlette : petite star ; tartelette : petite tarte ; quéquette : petite bite.

PETITES PHRASES

Mitterrand déclare : "Latché, c'est mon havre de pet..."

RICHE IDÉE

Après avoir constaté sur un an qu'il y avait plus de vols d'avions dans leur rayon "Jouets" que sur les lignes d'Air Inter, les Galeries Lafayette montent une compagnie aérienne.

PETITE FÊTE

Un transsexuel fraîchement transformé est allé enterrer son vit de garçon.

RÉSULTATS

Les analyses ont révélé que les pellicules des cheveux de l'homme à la tête de nœud n'étaient autres que du sperme séché...

VIELLE BLAGUE

Il ne supportait plus l'entrecôte dure comme une semelle qu'il avait dans l'assiette. Il appelle le maître d'hôtel et lui dit, je cite :

“Que votre cuisinier se la mette dans le cul”. “Impossible, lui répond le garçon, il a déjà un osso-bucco et une crème caramel…”

Révélation
Une femme qui avait la bouche en cul de poule vient de pondre des yeux..

Concours Le Pine
Le Front National invente le fil à couper le beur.

Justice
Greffe du tribunal : la police cherche un donneur.

Sommet Est-Ouest
Le président américain avait mal aux dents. Les Soviétiques comprennent “dissidents” et envoient le dentier de Ronald en camp de travail.

PMU
Au tiercé, choisir le bon est réellement un problème épineux de cheval.

SICAV m'était compté
On peut être long de la bite et court de la bourse.

Showbiz

A la fin d'un concert, Madonna jette sa culotte à la foune en délire. Elle déclare : "le pubis était formidable."

Bonsoir, je suis Bruno Carette.
Bonsoir, je suis Chantal Lauby.
Bonsoir, je suis Alain Chabat.

Tous ces titres ne seront pas développés dans cette édition de…

JUIN

AVIATION CIVILE I
Désormais, les avions transportant des slips atterriront à Orly.

AVIATION CIVILE II
Désormais, les avions transportant des bas atterriront au Bourget.

AVIATION CIVILE III
Et enfin, les avions transportant du pain, Roissy.

LE TORCHON BRÛLE
Depuis que Diana et Charles se font la gueule, ils ne pratiquent plus le 69, mais le 96.

Drame

“Une chistera dans le trou de balle”, c’est le titre qu’on pourrait donner à un tragique fait divers qui s’est déroulé dans les Landes dimanche. Au fronton de Dax, Garia Irrago Chigoya est un as. Il s’élance pour un “cantal Goya Taltrack”, coup puissant et imparable, quand sa chistera se délace, s’envole et vient se ficher dans l’anus d’une jeune fille qui cueillait des fleurs non loin de là. Malgré les excuses du joueur, les parents ont porté plainte et le chisteriste s’est retrouvé en prison, accusé de pelote basque avec pénétration à la chistera. Il paraît que la jeune fille revient tous les jours au fronton “en priant Dieu qu’il fît du vent, qu’il fît du vent”.

Langage vert

“Connard, pédé va te faire foutre, pauvre laid”, c’est en ces termes que Nicolas le Jardinier s’adresse aux arbres pour les traiter.

Angleterre

Charles se met les Didi dans le nez.

“Oh ! Le con !”

A la suite d’un erreur d’ordinateur, 350 employés d’un magasin de pièces détachées ont vu leur salaire multiplié par 100, c’est-à-dire que 700 000 francs venait d'être virés d'un coup sur leur compte. L'un d'entre eux a donné l'alerte. Aux dernières nouvelles, les 349 autres l'attendent chez lui, armés de barres de fer.

VENTES D'ARMES À L'IRAN
La France vend des armes à l'Iran : pas de quoi en faire des caisses.

SCANDALE IMMOBILIER
Pour une chambre de bonne, il y en a deux de mauvaises.

BOURSE
Le franc est enrhumé et suit le cours du mollard... Du dollar.

LA MORT EST EN PRISON
Le célèbre squelette et son moins célèbre drap blanc sont inculpés pour faux et usage de faux.

CONSÉQUENCES DE LA LUTTE ANTI-TABAC
Seita : 200 licenciements.

TROP, C'EST TROP!
400 mongoliens par an. Un remède : l'euthanasie à la naissance. La Mongolie proteste.

Raclette et Richemont
Raclette et Richmond : c'est super bon

Film X
Dans un institut de bronzage, une femme se fait ultra-violer.

Born to kill
Le sénateur Henri Caillavet propose une loi visant à permettre à des parents de tuer, dans un délai de trois jours après sa naissance, un bébé malformé, handicapé ou mongolien. “Ces enfants souffrent toute leur vie, déclare-t-il, ils sont laids, ils dérangent, ils sont bons à rien, leur cerveau atrophié leur fait tenir des propos incohérents et j'en suis la preuve vivante.”

Laissez-les vivre
Les turfistes sont sur leurs gardes. On risque bien, dans les jours qui viennent, de leur supprimer le tiercé en raison de nombreux problèmes d'handicap.

Deuil
Mole, petit village italien, est en deuil. On est en train d'effectuer des recherches dans le fleuve, car l'avion du maire de Mole s'est écrasé dans le Po. Il n'avait plus de papier, ce

qui pose un problème pour l'identifier. Enfin, maire de Mole ou pas, c'est chiant.

GRÈVE DES DOUBLEURS TV
Synchro, priez pour nous.

SCANDALE RELIGIEUX
Un prédicateur véreux sous-louait le Seigneur.

CHEVEUX
Un espoir de repousse.

DRAME DE LA CROUTE
Deux tartines se percutent. L'une d'elles était complètement beurrée.
Tous ces titres ainsi que nos photos de vacances ne seront pas développés dans cette édition.

DRAME HOMOSEXUEL MARIN
Un jeune marin dit à son capitaine : "Le bateau, c'est chou !" Le capitaine embrassa alors le jeune mousse, puis lui répondit : "Oui, c'est chou le bateau." Et c'est le drame car le bateau s'échoue.

PLUS BLANC QUE BLANC
Après s'être fait blanchir la peau, décrêper les

cheveux, affiner le nez, Michael Jackson, pour avoir un look encore plus européen, a décidé de se faire couper la bite d'au moins un mètre.`

US ET COUTUMES
A l'image des Français qui jettent du riz sur les mariés, les Chinois jettent des bérets.

DRAME DU RUGBY
Le rugbyman qui pleurait sur la pelouse a déclaré à l'arbitre qu'il venait de se faire plaquer.

TEL EST PRIS QUI CROYAIT PRENDRE
Le voleur qui s'était introduit dans la salle d'exposition consacrée aux œuvres de Calder a été arrêté sans mobile apparent.

A MÉDITER
Un enculé de première, c'est un enculé de seconde qui a bien travaillé.

JUSTICE
Le débat ressurgit à l'aube des élections pour ou contre la peine de mort. Et si oui : guillotine ou chaise électrique ?
Toujours est-il que'EDF reste sur le coup. EDF, des hommes qui relient des hommes.

AU PAYS DE DUMBO

Pour ne plus avoir d'enfants, une mère éléphant s'est fait ligaturer la trompe. Opération ratée, puisqu'elle vient d'accoucher de deux éléphanteaux qu'elle ne peut pas sentir.

PHANTASME

Un jeune homme a réalisé le phantasme de tout adolescent en se faisant un pompier dans sa chambre avec les bottes et le casque.

EN BREF

Dans la quartier du Marais, à Paris, deux hommes politiques d'origine israélite s'entre-déchirent pour être têtes de liste dans leurs circoncisions.

NETTOYAGE

Un policier plus porté sur les armes à feu que sur la lecture s'est tiré une plume dans la jambe en nettoyant le stylo de son fils.

LE GRAND JAUNE

Un Chinois qui avait décidé de chronométrer le temps qu'il passait sous l'eau s'est noyé en calculant sur son boulier.

ANNIVERSAIRE

Ce soir sur FR3, le Vieux Fusil pour la septième fois en 8 ans. La direction de la chaîne l'aurait programmé pour les enfants nés il y a onze mois qui n'auraient pas vu le film.

C'EST POSSIBLE
L'hebdomadaire L'Express racheté par la SNCF. Il s'appellera désormais L'Omnibus.

DÉMENT
Le torchon qui se prenait pour une serviette périodique a été enfermé dans un asile de founes.

COCORICO
C'est assez rare pour ne pas en parler, une dent française a réussi à percer aux Etats-Unis.

LEXIQUE
Si dans rocker il y a le mot "cœur", dans rockeuse il y a le mot "queuse".

SUPER-HÉROS
C'est en voulant casser la tête à un "grand" que le fils de Hulk, 3 ans, s'est aperçu à ses dépens qu'il avait tout de sa mère.

DÉCEPTION
Le Makloufah, le magnifique yacht apparte-

nant à la superbe Rosie Plomba, esthéticienne, n'a pu être baptisé.
La bouteille ne s'est pas cassée sur la coque et pour cause ; c'était une bouteille de champagne brut épaisse.

PANIQUE
Michael Jackson, qui prend des cours depuis deux ans pour entrer en communication avec son chimpanzé, est toujours sans nouvelles de "Bubbles" depuis samedi dernier.
Le singe est parti en courant, totalement affolé, lorsque la star lui aurait glissé au creux de l'oreille : "Et si tu te faisais refaire le nez ?"

AVENIR EN MANQUE
17 kilos de cocaïne découverts dans des pailles à Roissy, 3 tonnes de cannabis saisies sur deux bateaux, 250 kilos d'héroïne pure cachés dans des poupées mis sous scellés, 4000 tablettes de speed confisqués : jeunes gens, jeunes filles, engagez-vous dans la police.

PROVERBE
Il faut tourner sa langue sept fois dans sa bouche avant de trouver le poil qui gêne.

CADAVRE EXQUIS
Dans une forêt, le cadavre d'une femme

décapitée, sans jambes, sans bras, sans tronc et sans abdomen a été découvert.

Yoga anal
Révélation : le yoga est français ! Le pantalon et le slip aux genou, la main gauche qui maintient le pull au-dessus des hanches, un anus dilaté et une main droite qui tient deux feuilles de PQ : telle est la véritable position du lotus.

Fric-frac
Un voleur spécialisé dans l'ouverture des coffres s'est suicidé alors qu'il cherchait en vain la combinaison de sa femme.

Fidèle
Un vieux chien policier édenté a arrêté deux ex-crocs.

Fièvre
Samedi soir, ça va chauffer dans les restaurants chics et dans les clubs privés où certains ministres vont tout claquer avant de céder leurs portefeuilles.

Du neuf
Révolution dans le monde de la cosmétologie : un nouveau gel français permettrait aux

chauves de ne pas retrouver leurs cheveux, mais de sculpter leur peau.

FUITE

Alors qu'il croyait entendre marcher sur le toit, un jeune appelé alcoolique a tiré en direction du plafond. Bilan : 32 morts par noyade, dont le commandant du sous-marin.

REPRODUCTION

A Caen, une jeune fille, dernière véritable femelle de l'espèce humaine,120 kilos, le poil luisant, la moustache écrue par le soleil et les hormones à fleur de peau, vient de mettre bas des quarantuplés, confirmant ainsi dans la région son surnom de “Trou normand”.

NOS AMIS LES GROS

Vous êtes petits, rondouillards, plutôt mous et poilus... L'ANPE vous propose de devenir couilles au pair.

ÉTONNANT

Les fraises ont un nez et les mûres ont des oreilles.

ÉRECTION

Si vous titillez un poireau, il devient dur de la feuille.

Odeur pestilentielle
Ça puait depuis dix jours dans une boutique de farces et attrapes et les pompiers alertés par le voisinage entreprirent une enquête très serrée. C'est après avoir compté minutieusement les boîtes de boules puantes que les soldats du feu conseillèrent au propriétaire de se brosser les dents.

Bonne nouvelle
L'homme qui avait sept sexes a trouvé un travail qui lui rapporte beaucoup d'argent en se faisant scier les jambes. Il est poulpe au Musée de la mer …

Espoir
On a vu l'homme-araignée hier soir.

Chagrin
On a vu l'homme-araignée ce matin.

Dancing machine
La danse exécutée par Johnny Clegg n'en serait pas une. C'est tout simplement que le célèbre interprète d'Asibonanga déteste les slips qui collent…

Sport en salle
Le Luxembourgeois Van Danlder a battu le

record du monde de saut au pet assis. Réussissant l'exploit, à son troisième pet, il s'est propulsé à plus de 56 centimètres de sa chaise.

AIDE AU LOGEMENT
Pour tous ceux qui ont des problèmes de logement, SOS Racisme organise un grand concert de soutien : Appart'Aid.

LIFTING
Nouveau look pour les contrôleurs TGV afin d'améliorer leur image de marque. Ils comptent même mettre une tranche de jambon dans les sandwiches au jambon pour donner plus de satisfaction aux clients. SNCF : c'est possible.

SYSTEME D
Des très très pauvres se sont masturbés pendant deux mois dans un sac en cuir pour se faire un ballon de foutre.

AIR INTER
Mettons bien les choses au point une fois pour toutes afin de faire cesser la cabale sarcastique qui frappe les pilotes d'Airbus. S'ils sont aujourd'hui encore en grève c'est que le motif est sérieux. Il y va de la sécurité de mil-

lions de passagers. En effet, la tension nerveuse qui règne dans le poste de pilotage est telle que s'il n'y a que deux pilotes à bord il y en a toujours un qui triche à la crapette.

SHOWBIZ
Un directeur de la firme de disques CBS a été licencié pour port de chemise rayée.

SINON RIEN
Ricard a demandé de porter la limitation de vitesse en ville de 45 à 51.

MÉCANIQUE HUILÉE
Philippe Gildas est tombé d'un bonsaï. Il s'est fait mal ...

POP
Le concert de Wembley si décrié a été, en fait, bougrement efficace, puisque Nelson Mandela, emprisonné depuis 27 ans, vient de recevoir le disque.

FANTASTIQUE
Passionné du septième Hard, vous pourrez voir cette semaine tour à tour : "Capote Zombie 3" de Jack Truman, "Terreur à Latex-condom", "La capote qui venait du futur" de Ralph Duveldeev, "Preservator 2 :

la mission" et le très attendu "Massacre au préservatif".
Tout cela bien sûr au festival Durex.

BIJOUX DE FAMILLE
Liz Taylor alternerait poignet gauche et poignet droit pour porter ses bijoux afin, bien sûr, de ne pas avoir un bras plus grand que l'autre...

DÉCOUVERTE
Le tennis remonterait aux temps des hommes préhistoriques. A l'époque, le jeu se pratiquait sans raquettes, sans balle et sans filet ; on se contentait de faire le bruit avec la langue mais rassurez-vous, c'était quand même très visuel.

PROPRETÉ
A Paris, un motard sème la merde en dérapant avec sa moto-crotte.

POLITIQUE
Avec Eve, Adam cherchait déjà une ouverture au centre.

ÉLECTIONS
Les Français vont revoter aux élections municipales puis aux élections cantonales. Le

parti communiste envisage de créer des élections viscinales et le FN, des élections de chemins muletiers, les écoles, des élections de traces de souris ; le FLB, des élections de...

Mœurs
A Paris, encore une maison close fermée par la brigade des Stupres.

Sondage
A la question : “Que faites-vous lorsque vous faites caca ?”
10 % des Français chantent des tubes.
15 % sourient à la porte.
25 % lisent en pleurant.
20 % continuent leur activité professionnelle et 3 % pensent un peu tard qu'il n'y a plus de papier.

Nouveau et intéressant
Matra vient d'inventer le premier missile Air-Sol à très très courte portée. Son nom : le missile main/pied.

Air Pinder
Du côté d'Air Inter, un léger mieux puisqu'un habitant de Versailles qui désirait se rendre à Paris par avion s'est vu dans

l'obligation de partir de Nice avec une escale à Mulhouse.

SANTÉ

Il faut le savoir : grâce au fluor, les enfants ont moins de caries et quand on leur met une prise dans le cul, ils éclairent la nuit. Etonnant non ?...

GRANDE MUSIQUE

Chopin n'avait qu'un doigt à chaque main, mais il buvait beaucoup de café.

RECORD

Un marin alité pour un an va tenter un tour du monde sans escarre.

RECETTE TOP 50

C'est en buvant du lait qu'Elsa fait du flan.

ASSIMIL

C'est en écoutant à longueur de nuit Canal + sans décodeur qu'un Français a appris le hollandais.

FURIA À BAHIA POUR DOCTEUR NO

La différence entre James Bond l'Anglais et OSS 117 le Français est très simple puiqu'on peut le voir dans les films : James Bond a une montre caméra reliée pour satellite au Pentagone et OSS 117 a un briquet qui donne du feu.

Mode

C'est incroyable comme la jupe peut exciter, surtout l'été. Un Français vient de demander à un Ecossais s'il ne pouvait lui souffler dans la cornemuse, vite fait sous un porche.

Politique intérieure

Michel Rocard est resté coincé quatre heures avec les mains dans le dos. Le chef du protocole lui a conseillé d'acheter une veste beaucoup moins croisée.

Exhibition

Hormis sa pasion pour le cinéma, Brigitte Lahaie adore son intérieur et son chat. Son intérieur et son chat qu'elle nous a souvent montrée au cinéma.

Véridique

Vadim l'a déclaré : c'est en lui présentant une casserole d'eau bouillue que Jane Fonda.

Tête de turc I

A la sortie de son dernier concert à Mulhouse, Guy Béart, déprimé, a déclaré :"Finalement, en 30 ans de carrière, je n'ai eu qu'un rappel : le BCG."

Tête de turc II

Alors que Guy Béart annonce une tournée en Russie, on n'enregistre aucune réaction à Moscou, où on est habitué à souffrir dans le calme et la dignité.

Triste fin

Pour surprendre sa maîtresse, il s'entraînait à sauter de l'armoire sur le lit. L'homme le plus léger du monde est mort collé au plafond à du papier tue-mouches.

L'ÉDITION

Le journal de l'Émission,
présenté par
Pénélope Solette et Maurice Chevalier.

LE DIMANCHE

TIERS MONDE
MAURICE
- En Inde, 225 millions de policiers ont arrêté plus de 3 milliards 500 millions de manifestants dans une seule rue de Bombay.

MÉDECINE DOUCE
PÉNÉLOPE
- A la question : pourquoi prenez-vous des bains de lait, la célèbre légumopathe Rika Zaraï a répondu :
"Je prends des bains de lait parce que je n'ai pas encore trouvé de vache assez haute pour prendre des douches."

RAYON HOMMES

PÉNÉLOPE

- L'homme qui a des couilles plus légères que l'air vient de faire moqueter son plafond.

CLOCHES

MAURICE

- Cette semaine est marquée par Pâques. Avec un coquillage, on pouvait entendre la mer et en cassant un œuf, on pouvait entendre la messe. Un drôle de week-end pascal.

NOUS INTERROMPONS CE PROGRAMME POUR UNE ÉDITION SPÉCIALE

MAURICE

- Oui. Toute la rédaction est mobilisée, on vous l'a dit, pour cette information qui est tombée tout à l'heure et sur laquelle nous allons revenir avec plus de précisions, Pénélope ?

PÉNÉLOPE

- Oui, Maurice, et également en compagnie de notre spécialiste qui est à nos côtés. Bonsoir…

Richard
- Bonsoir.

Maurice
- Alors, que peut-on dire de nouveau ?

Richard
- Maurice, pour le moment, nous ne sommes pas en mesure d'apporter d'éléments nouveaux à cette information, et nous ne pouvons donc qu'émettre des hypothèses.

Pénélope
- Quel genre d'hypothèses ?

Richard
- Des hypothèses.
Des suppositions. `Nous sommes en mesure, en tout cas, de se poser un certain nombre de questions.

Pénélope
- En d'autres termes ?

Richard
- En d'autres termes, nous sommes en droit de se questionner sur ce propos.

Maurice
- En anglais ?

RICHARD
- We have the right to ask ourselves : what ?

PÉNÉLOPE
- Maurice, nous avons en ligne notre correspondant par téléphone qui essaie de nous joindre, pour, je l'espère, encore plus de précisions...

(Propos indistincts du correspondant.)

MAURICE
- Voilà qui confirme quelque part ce que vous venez de dire ?

RICHARD
- Oui, tout à fait. Il est bien évident que c'est tout ce qu'on peut dire sur cette information à l'heure actuelle. Tout le reste ne serait que bavardage.

MAURICE
- Et ce n'est pas notre propos. Toute la rédaction est sur le pied de guerre, ah putain, ça fait du bien Pénélope...

PÉNÉLOPE
- Oui, c'était pas arrivé depuis la Guerre de le Golfe.

Maurice
- Merci à notre spécialiste.

Richard
- De rien, je suis là pour ça.

Maurice
- Prochain point dès qu'il y a du nouveau...

Politique intérieure
Maurice
- Désireux de soigner sa popularité et de casser son image un peu austère, Lionel Jospin a fait savoir à ses cadres qu'il y mettrait des photos. C'était dans le salon, il était un peu bourré et parlait à un mur vide.

Sacré Mickey
Maurice
- Mickey Rourke a gagné son premier combat de boxe professionnel. Un combat qui, aux dires des spécialistes, a été à l'image de la catégorie : super moyen.

Vaticancan
Pénélope
- Jean-Paul II, c'était, à Rome, le coup d'envoi de sa grande tournée mondiale "Clerical Mystery Tour".

Opposition

Maurice

- La droite cherche un nouvel élan. C'est-à-dire qu'ils ont la femelle, alors si vous avez un mâle...

Livre-scandale

Maurice

- Publication-scandale aux Etats-Unis d'une biographie de Nancy Reagan...

Pénélope

- Oui, Maurice, dans laquelle on apprend que le couple se drogue, dit des gros mots, fait des partouzes...

Maurice

- Voilà un livre de Kitty Kelley, "Nancy Reagan, la biographie non autorisée"... Alors Pénélope, vous pourriez nous lire un petit passage, vous nous avez mis l'eau à la bouche...

Pénélope

- Mais bien sûr, c'est mon métier, Maurice...

Pénélope

- Alors... voilà ...page 234... je lis... "Ce jour-là, Ronald Reagan était nu dans le bureau ovale de la Maison Blanche, il étudiait un dossier.

Nancy entra, nue elle aussi, au bras de Frank, tout aussi nu. Quand il les vit tous deux approcher, Ronald se mit à avoir la trique.
Il se leva et, d'un coup, sauta sur Frank pour l'enculer. Nancy lui prit la bite au vol et se la carra dans le ..."

MAURICE
- Merci Pénélope, ça suffit, on s'est fait une petite idée du livre...

PÉNÉLOPE
- Ça donne envie de lire, non ?

MAURICE
- Vous lisez tellement bien, Pénélope...

CONFIRMATION
MAURICE
- La petite tige en bois surmontée d'un bout rouge qui chantait samedi à la télé n'était pas une allumette, mais bel et bien Mylène Farmer.

LE LUNDI

Adieu

Maurice

- Mort de Toto, survenue à l'âge de 108 ans. Pénélope, rappelez-nous la carrière de ce grand homme de blagues.

Pénélope

- Oui, Maurice. Toto a commencé son métier d'amuseur à 5 ans, lorsqu'il demanda, le 8 mai 1887, à sa mère, s'il avait une grosse tête. Sa génitrice, alors blanchisseuse à Levallois, lui répondit par la négative en lui demandant tout de même de ramener 5 kg de pommes de terre dans son bérêt.

LE JAPON N'A PAS FINI DE NOUS ÉTONNER
MAURICE
- Et c'est aujourd'hui que le Premier ministre japonais Tochiki Taikifu a entamé sa tournée mondiale pour expliquer aux gens que son nom n'est pas une contrepétrie.

EN BREF
PÉNÉLOPE
- La Secrétaire générale du Conseil de l'Europe s'est brûlé la main en se touchant le front.
Il faut dire que Madame Catherine Lalumière était restée allumée pendant trois jours.

UNE ANNONCE DE LA DIRECTION
MAURICE
- En raison de la recrudescence de vols de sacs à main, nous prions notre aimable public de surveiller son sac à main, et, en raison de la recrudescence de vols de sacs poubelles, nous prions notre aimable public d'aller jeter ses saloperies ailleurs…

SUPER BONNE NOUVELLE
PÉNÉLOPE
- Une super bonne nouvelle pour ceux qui ont la mauvaise haleine des fesses. Un laboratoire pharmaceutique vient de lancer un

suppositoire à la chlorophylle à mâcher avec le derrière ...

ESPACE

PÉNÉLOPE

- Sergueï Krikalev qui était dans l'espace depuis mai 91 est redescendu sur terre avec les genoux liquides. Disons qu'il est arrivé tout mou. C'est plus Gagarine, mais Margarine.

PRÉCISION

PÉNÉLOPE

- L'homme qui vivait avec un radio-réveil dans le ventre est mort sur France Infos à l'âge de 92 ans, 2 heures, 28 minutes et 15 secondes.

ETOILES

PÉNÉLOPE

- Lundi c'était cette formidable cérémonie présidée par les 2D. Drucker et Dechavanne : "Les étoiles du rire". Et c'est Anne Frank qui a gagné l'étoile jaune du rire pour son livre comique : "Le journal d'Anne Frank".

UNE SEMAINE TRES CHARGÉE

MAURICE

- Une semaine chargée en rebondissements, mais aussi une semaine où nous prenions du repos dans une surface de réparation salvatrice.

Pénélope
- Oui, et pendant que nous avions le dos tourné, François Mitterrand est monté à Solutré.

Maurice
- Ce jour-là, Jack Lang était présent, je crois.

Pénélope
- Exact, Maurice.

Maurice
- Mais j'ai appris avec stupeur que Pascal Sevran était du voyage !

Pénélope
- Exact, Maurice.

Maurice
- Mais que faisait-il en cet endroit, Péné ?

Pénélope
- Eh bien, Pascal Sevran faisait le rôle de sac à dos de Jack Lang.

Pénélope
- Exact, Maurice.

En bref
Pénélope
- Un TGV de 998 km pourrait relier Paris à Nice en moins de quatre secondes…

Record
Pénélope
- A Londres, par manipulation génétique, cinq savants ont réussi le premier changement de sexe d'une souris.
La souris va d'ailleurs passer dans le livre des records, car avec sa bite d'éléphant, elle pèse désormais une tonne et douze grammes…

Charcuterie
Pénélope
- Scandale dans le petit monde de la transfusion sanguine.
Des charcutiers auraient fait du boudin avec du sang contaminé.

Maurice
- La charcuterie n'est plus ce qu'elle était, Pénélope…

Pénélope
- Moi je n'en mange plus…
Alors il est recommandé à tous les amoureux du boudin de lui mettre un préservatif.

Maurice
- Le sida, il ne passera pas par mon boudin.

Panier de la ménagere
Maurice
- Dramatique augmentation du prix du caviar, qui passe de “Qu’est-ce-que c’est cher !” à “Incroyable comme c’est cher”.

Maurice
- Devrons-nous nous passer de caviar ? Là est la question

Pénélope
- Oui, c’est inquiétant. Mais par contre, on note une baisse très nette du petit pot de beurre, qui passe de “C’est pas cher” à “C’est donné”.

Maurice
- Une bonne nouvelle qui en chasse une mauvaise… Merci Pénélope.

Une belle saisie
Maurice
- Des douaniers de Thionville ont saisi dans les bagages d’un voyageur chinois quarante-neuf pénis de tigres séchés. Selon cet homme, le pénis de tigre réduit en poudre a des vertus aphrodisiaques.

Pénélope
- C'est bien les Chinois, ça. Manger du sexe de tigre pour bander. Alors, pour aller à la selle, ils mâchent des trous du cul de buffle ?

Affaires
Pénélope
- Depuis que son bras droit a démissionné, Jean-Claude Gaudin se gratte le cul avec la tête.

Stupre
Maurice
- Pour lutter contre la prostitution, le Préfet de Paris veut fermer le Bois de Boulogne. Celui de Vincennes également, Pigalle, Les Halles, Saint-Denis, La Madeleine, l'avenue Hoche, le casino de Monte-Carlo, les bars de nuit, les minitels roses, les voitures des particuliers, les mains, les bites et les cerveaux.

Sondage
Pénélope
- Le sexe de l'homme a un coefficient de pénétration dans l'air inférieur à 0,20. Comme la nouvelle Opel, sauf que les couilles sont pas des Pirelli.

Drame du succès
Pénélope
- Acculée par le fisc, Madonna, qui envoyait

naguère sa culotte au public, jette maintenant des touffes de poils.

LE MARDI

FORMULE 1

MAURICE

- C'est mardi que nous avons appris le secret de la victoire d'Ayrton Senna à Monaco dimanche. En fait, son accélérateur s'était coincé dès le départ. Il a bien essayé de freiner avec les pieds mais il perdait 3 centimères par tour. Il a donc raisonnablement décidé de finir en tête et non pas en tronc.

RÉVÉLATION…

MAURICE

- On savait que le sperme servait à identifier les violeurs, on apprend aujourd'hui que le sang sert à cerner votre caractère. Quant à la merde, elle sert toujours à identifier ce que vous avez mangé.

Pénélope

- Restons dans la merde, Maurice, si vous le voulez bien. Pour éviter le désagrément des excréments de chiens sur les trottoirs, un élevage belge vient de créer une nouvelle race canine : le teckel sans trou du cul, facile à transporter, il ne chie pas et reste propre. Seul inconvénient, il faut le jeter quand il est plein.

Poker

Pénélope

- La soirée poker qui devait réunir Johnny Hallyday, Paul-Loup Sulitzer et Eddie Barclay a été annulée. Aucun n'a trouvé de baby-sitter pour garder sa femme. Ce n'est que partie remise.

Informations régionales

Pénélope

- Le maire de Lyon a un lion, le maire de Bordeaux a bu du bordeaux et le maire de Paris n'a pas ri. Nous attendons des nouvelles du maire de Couillet, une commune de Belgique.

Que sont-ils devenus ?

Maurice

- Les socialistes reparlent de l'Union de la Gauche. Nous pouvons les aider en leur rappelant qu'ils avaient un livre sur le sujet il y a plus de dix ans, livre qui se trouve actuellement dans toutes les librairies, au rayon science-fiction.

BOURSE

MAURICE

Remontée de la couche sur le marché des changes.

REPRISE

MAURICE

- Madame Claude, âgée de 69 ans, a été inculpée pour avoir repris ses activités. Tarif d'une soirée avec une de ses filles : 10 000 francs.A ce prix-là, les spermatozoïdes roulaient en Rolls.

PÉNÉLOPE

- 69 ans !... Beau chiffre pour une mère maquerelle.

EN BREF

PÉNÉLOPE

- L'homme qui ressemblait à une "Chupa chups" s'est fait sucer la tête.

DIX ANS DÉJÀ

MAURICE

- Evidemment, on ne peut y échapper, la

France fête ces jours-ci l'anniversaire des dix ans de pouvoir de François Mitterrand, alors Pénélope, pouvez-vous nous remettre en mémoire quelques dates importantes…

PÉNÉLOPE
- Mais volontiers Maurice, alors nous avons le 10 bien sûr, puis le 21, le 30, le 13, très important le 13, le 24 et bien sûr le 17.

MAURICE
- Ah bon, le 17, vous trouvez ?

PÉNÉLOPE
- Ah oui, Maurice. Quand même le 17, c'est important.

MAURICE
- Mmmmm… Moi, j'aurais pas mis.

PÉNÉLOPE
- Ah si, le 17.

MAURICE
- Oui, bon ben ça va, on va pas faire la nuit dessus non plus…
Dix ans sous Mitterrand, de notre position, nous avons pu voir ses poils de nez blanchir légèrement.
Et puis, le 10 mai, c'était l'anniversaire de la

profanation du cimetière de Carpentras, Pénélope, alors une fois de plus, je vous pose la question : où en est l'enquête ?

Pénélope
- L'enquête piétine, Maurice...

Maurice
- Et ça ne sent pas trop mauvais ?

Pénélope
- Une enquête qui piétine depuis un an sans changer de chaussettes, si Maurice, franchement ça pue...

Maurice
- Merci, Péné. Autre chose ?

Pénélope
- Oui, on vient de l'apprendre, mais Mitterrand aurait, un peu à l'instar de Martine Carol, péché par excès de coquetterie.
Ce n'est pas dix ans, mais douze ans de mandat.

Maurice
- Ah, c'est ça, je me disais, il fait plus.

Pénélope
- Il fallait rectifier. C'est rectifié.

Un jour sans

Maurice

- Aujourd'hui, journée sans tabac, demain journée Y'a plus d'ongles sur les doigts.

Fait divers

Maurice

- Delgado, l'homme qui a commis plusieurs viols en région parisienne et qui porte le même nom qu'un coureur cycliste, a été condamné à 20 ans de réclusion et élu meilleur grimpeur de la région.

Une semaine tres marquée

Maurice

- Une semaine marquée par le génocide kurde qui fait la une de tous les journaux. VSD titre : “Kurdes, le peuple sacrifié”. Match : “Kurdes... L'horreur”. Biba : “Kurde, amaigissement”, Télé 7 Jours : “Sophie Marceau : mes secrets de peintre”...

Homme bionique

Maurice

- Serait-ce la fin d'un mythe bionique ?
Steve Austin, l'homme qui valait trois milliards, ne vaut plus aujourd'hui, au cours actuel du dollar, que la modique somme de 44 francs 75. Tout le formidable matériel bionique prêté par le gouvernement, les œils

bionique, la bite bionique, le cul bionique, il l'a usé, cassé, perdu, donné à des copains rencontrés à la redoutable buvette bionique du camp d'entraînement des hommes bioniques : son jeu favori pour se faire payer un verre : "la jambe qui vole".Steve dévisse sa cuisse bionique et fait l'avion avec. On est loin de l'homme à qui l'on confiait les missions les plus périlleuses. On lui a retiré son permis d'homme bionique mais il va quand même à la buvette ! Ah la la, celui-là ! Toujours saoul, toujours cassé, toujours à marcher dans la crotte.
On ne le regrettera pas, le soifard bionique....

PETITE PHRASE
MAURICE
- Chirac pète avec la bouche, en lâchant une phrase qui pue et fait du bruit. Rappelez-nous cette phrase, Pénélope ?

PÉNÉLOPE
- Jacques Chirac a dit, je cite :
"Une famille avec un père, quatre épouses et une vingtaine de gosses touche 50 000 francs de prestations sociales sans travailler.
Si vous ajoutez à ça le bruit et l'odeur, le travailleur français, il devient fou."

Maurice
- Alors faisons un rapide calcul.
Un père, quatre épouses, vingt gosses. Comptons un loyer de, voyons pour loger 25 personnes, en comptant cinq personnes par pièce, un cinq-pièces en HLM environ 5000 francs plus disons pour les habits la bouffe, le transport, disons 1500 francs par enfant.

Pénélope
-... ce qui donne 30 000 francs plus les quatre femmes : fringues, parfums, maquillage 2000/2500 F.
Ça fait 10, 12000.
Maintenant le bruit : une télé, une chaîne stéréo, des instruments de musique, le tout à crédit 1600 par mois.
L'odeur : il faut une fosse à merde, 8500, des boules puantes...

Pénélope
- Bien merci Maurice.

Papal
Maurice
- Voyage de Jean-Paul II en Pologne.
Il est à noter que rien qu'en vendant trois de ses nombreuses bagues, il pourrait faire vivre le pays pendant six mois.

Bilan

Maurice

- A Nice, on fait les comptes après la cantonale partielle. Le vaccin écolo-social-UDFo-Républico-Communiste-RPRo-républicain l'a finalement emporté sur la maladie. Donc sida politique : le test Le Pen Nice positif.

Merci la 5

Pénélope

- La nouvelle est tombée : plus de 500 licenciements sur la Cinq...

Maurice

- Vous êtes sûre du chiffre ?

Pénélope

- Oui, oui, 5, c'est la 5, je suis sûre, Jean-Luc Lagardère, président de Matra, et Yves Sabouret, PDG de la Cinq.

Maurice

- Ah ben, j'ai une devinette :
Yves Sabouret et Jean-Luc Lagardère sont dans un bateau.
Le bateau coule. Et ils sont même pas mouillés, fort non ?

Pénélope

- Je ne comprends pas, Maurice, comment

vous pouvez faire de l'humour avec le spectacle d'une chaîne à l'agonie. Enfin, toujours est-il que Yves Sabouret, ça bourre plus.

LE MERCREDI

PRESSE

MAURICE

- C'est mercredi qu'on apprend que le journal "La Truffe" sera en vente par petits bouts, à Noël, dans les tranches de foie gras.

JUSTICE

MAURICE

- "Bon, tu m'encules d'accord, mais jure-moi que je n'aurai pas d'avancement." La codification du harcèlement sexuel est née.

PÉNÉLOPE

- Oui, c'est mercredi, en effet, que la codification du harcèlement sexuel dans les entreprises devient obligatoire. Il faut compter un bon mois pour que le code barre cicatrise sur la bite.

En bref
Pénélope
- C'était aujourd'hui le congrès des allumettes à bouts rouges. Un congressiste s'est gratté la tête... Huit blessés.

Crash
Maurice
- On l'a appris aujourd'hui, vers 16 heures, contrairement aux avions, à chaque fois qu'un homme politique se plante, on ne retrouve jamais la boîte noire...

Le drame kurde
Pénélope
- Scandale dans les montagnes, il semblerait que les Occidentaux parachutent des caisses vides sur les réfugiés kurdes et se gardent tous les Chamonix orange pour eux...

Maurice
- Oui, Pénélope, c'est cela, ce scandale serait le plus important depuis la dernière guerre... C'est en entrant sans frapper dans la chambre d'un pilote que des journalistes auraient découvert, sous son lit... Tenez-vous bien Pénélope... deux cents petites boîtes de

Chamonix orange destinées aux pauvres Kurdes affamés…

Pénélope
- Là, moi, je dis OUI à la peine de mort…

Maurice
- … et DEUX gros tubes de lait Nestlé ! On attend avec impatience l'ouverture d'une enquête…

Pénélope
- Pfu ! Ca sera enterré, comme tous les gros scandales.

Maurice
- Il faut, Pénélope, faire confiance à la justice du pays de là-bas.

Pénélope
- Pfu !

Les aléas du direct

Maurice
- Drame à Sacrée Soirée sur TF1. Valéry Giscard d'Estaing s'est coincé la bite dans son accordéon.

Pénélope
- Oui Maurice, c'est en jouant saoul, pour

faire sympa, avec une casquette Ricard sur la tête, pour faire peuple, et à poil, pour faire décontracté, que l'ancien président de la République s'est écrasé la bite en jouant : "Viens poupoule..."

Maurice
- Voilà un drame qui rappelle qu'on n'est jamais trop prudent au volant d'un accordéon et qu'il faut attacher son moule-bite...

Hold up
Maurice
- C'est mercredi enfin que les Inconnus ont cambriolé la bijouterie de la place Vendôme...

Pénélope
- Pas les Inconnus... Des inconnus...

Maurice
- Ah je disais aussi, avec ce qu'ils gagnent, ils avaient pas besoin...

Agitation sociale
Pénélope
- Après la grève d'Air Inter qui touchait principalement les nantis qui peuvent se payer des billets d'avion, voici la grève des métros et des bus. Merci aux syndicats pour ces nou-

velles actions plus démocratiques et plus près du peuple.
Une grève très suivie. A pied surtout, pour moi.

SANS TRANSITION, LE SPORT
PÉNÉLOPE
-Première grande décision de Michel Denisot, le nouvel homme fort du PSG : les joueurs ne porteront plus les couleurs bleues et rouges.
Ils seront en clair le dimanche et en crypté la semaine.

SURENCHÈRE
MAURICE
- Nous avons appris que Mc Laren ainsi que l'écurie Williams/Renault ont proposé plus de 10 milliards de francs à Prost pour qu'il arrête la compétition.
Alors nous, on voudrait dire à TF1 : vous nous donnez 10 milliards de francs et on arrête la compétition. Hein Pénélope ?... Hein Dominique ?...

LA DROGUE C'EST DE LA MERDE
MAURICE
- C'est à l'aide de plusieurs cigarettes fourrées à la marijuanna que des cambrioleurs ont défoncé une porte.

Sondage Isfrot-Lefess

Pénélope

- A la question, “que mettez-vous derrière les oreilles pour séduire les hommes ?”, la Ciccolina a répondu : “les genoux”.

Mystère

Pénélope

- C’est incroyable et pourtant c’est vrai, la Sainte Vierge est apparue ce matin à Londres, et non pas à Lourdes comme elle le fait habituellement.

Maurice

- ... Oui Londres, Lourdes, Lourdes, Londres, c’est vrai qu’entre ces deux villes, il n’y a qu’une lettre de différence, mais tout de même, la Sainte Vierge ne nous avait pas habitués à ce genre de bévue... Enfin, toujours est-il qu’elle a marché toute la matinée à la recherche de la grotte, sans pouvoir se renseigner.
Il n’est pas utile de rappeler que la Sainte Vierge ne parle pas anglais.

En bref

Pénélope

- Tiercé de putes à Boulogne.
Voici la sélection des entraîneurs : Maguy reste longue à la détente, surtout si le terrain

est lourd, mais bonne en fin de parcours : quant à la grosse Germaine, bien drivée, elle peut mener son homme au poteau d'arrivée sans problème.

INCROYABLE MAIS VRAI

PÉNÉLOPE

- Mireille Mathieu a fait 3 fautes à la dictée de Pivot.

MAURICE

- Non !?

PÉNÉLOPE

- Si. Deux à dictée, une à Pivot.

AGRICULTURE

MAURICE

- Un producteur de maïs, qui avait mis le chauffage de sa voiture beaucoup trop fort, a été retrouvé au volant, étouffé par des millions de pop-corn.

SUITE DU FEUILLETON DE LA CINQ

MAURICE

- Après Jean-Claude Bourret qui a réinventé la télé à péage, c'est en tissant ses poils pour en faire une trame que Nicolas le Jardinier a réussi à faire pousser du gazon sur ses couilles.

ET MAINTENANT, LES INFORMATIONS RÉGIONALES DE L'EDITION.

PÉNÉLOPE
- Oui Maurice, et tout d'abord un bon anniversaire à Madame Chamloup, dites Mémé Chamloup qui fête aujourd'hui ses 56 ans à la maison de Clamecy.

MAURICE
-Ah, bon anniversaire Mémé ! Autre chose Pénélope ?

PÉNÉLOPE
- Oui Maurice, les pompiers de Pullmoll, dans le Doubs, ont trouvé sous une tuile de la mairie un nid de guêpes gros comme un pamplemousse.

MAURICE
- De belle taille en effet !
Autre chose Pénélope ?

PÉNÉLOPE
- Non, mais c'est déjà bien, moi je trouve...

MAURICE
- C'est vrai, merci pour cette édition régionale bien chargée en événements, Pénélope, et merci aussi à tous nos correspondants chez les ploucs....

LE JEUDI

Espoir

Maurice

- Cancer maintenant... Toutes les semaines apportent leur petit lot d'espoir pour les cancéreux et cette semaine, Pénélope ?

Pénélope

- Rien, Maurice...

Maurice

- Cette semaine donc, pas d'espoir pour les cancéreux. C'est dur comme info ça, Pénélope ?

Pénélope

- Oui, mais peut-être que la semaine prochaine, il y aura deux espoirs !

PRÉCISION

MAURICE

- Dans l'accident du bus de la ligne 86, le chauffeur a été inculpé, il avait 1,32 g d'alcool dans le sang.

Il était 9 h 40. Ce qui fait un lever à 8 h, 8 h 05, un bol de rouge, 8 h 06 une douche, 8 h 20 une tartine de whisky trempée dans du cognac, 8 h 45 prêt, 8h46 un demi de blanc pour la route, 9h arrivée à la RATP, 9 h 02 tralalalère pouêt pouêt, 9 h 40 c'est l'accident.

CATASTROPHE

MAURICE

- La pollution du port de Gênes a atteint la France, et notamment Cap d'Ail et St-Jean-Cap-Ferrat.

PÉNÉLOPE

- Mais dites-moi, Maurice, Cap d'Ail jouxte la principauté de Monaco si je ne m'abuse ?...

MAURICE

- Oui...

PÉNÉLOPE

- Et donc la principauté de Monaco a également été polluée.

MAURICE
- Non Pénélope. Nous venons de recevoir la dépêche officielle. Je vous la livre telle quelle : "Les petits lutins de la montagne de Monaco ont repoussé la nappe de pétrole en faisant des vagues avec leurs petits pieds. La nappe est allée s'échouer à Cap d'Ail, qui est une commune communiste. Ce sont les mêmes petits lutins qui ont sauvé, il y a cinq ans, la principauté du méchant nuage de Tchernobyl."

UNE NOUVELLE VICTOIRE DE LA CGT.

PÉNÉLOPE
- Un tableau de Léonard de Vinci représentant une chaise vide et un paysage derrière, c'est tout ce que vous pouvez voir au Louvre, tous les jours pendant deux minutes. Après tant d'années de procès, Mona Lisa a eu gain de cause, elle peut enfin aller pisser pendant ses heures de travail. Bravo la CGT… Merci pour la Joconde.

DIAGNOSTIC

MAURICE
- On vient d'avoir confirmation du diagnostic. George Bush ne souffre pas d'un problème cardiaque mais d'une crise de lochette… Rappelez-nous, Pénélope, ce qu'est la "lochette"…

Pénélope

- Ça, il fallait que ça tombe sur moi... Bon. La lochette est une crise de fatigue et le malade, plutôt que d'aller au travail, reste au lit à se tripoter la loche.

Maurice

- Merci Pénélope, et comme nous sommes en pleine médecine, pouvez-vous nous rappeler ce qu'est la "couillette"...

Pénélope

- Ah oui, la couillette... Le malade reste au lit à se tresser les couilles...

Maurice

- Et la "trouducunette"...

Pénélope

- Non, écoutez Maurice, ça suffit comme ça maintenant. Je ne suis pas votre chose...

Graphologie

Pénélope

- Printemps pourri ou pas, à peine Edith Cresson a-t-elle été nommée Première ministresse que déjà un graphologue a analysé son écriture.

"Je peux affirmer, a dit le spécialiste, que Madame Cresson aime le lait et les Arabes.

En effet, la note indiquait : “Rosita, veuillez prendre 2 litres de lait à l’Arabe du coin”.”

Carpentras

Maurice

- 6 mois après la profanation du cimetière de Carpentras, qu’en est-il des résultats de l’enquête Pénénlope ?

Pénélope

- La police a mangé 56 fois gratuitement à la Brasserie du Centre : elle s’est fait offrir en tout, 230 pastis et 60 calvas.

Maurice

- Ah, dites donc, ça avance pas mal, Pénélope ...

Pénélope

- Ah oui, j’oubliais ... Elle a aussi fait sauter 15 contreventions au patron du bar du marché.

Maurice

- Efficacité, quand tu nous tiens ...

Étude

Pénélope

- Cosmo sort cette semaine une étude sur les Français au lendemain du réveillon. Il s’avère que c'est le 25 décembre que l'on trouve le plus de traces d'ongles dans le mur qui fait face à la cuvette des chiottes.

EN BREF
PÉNÉLOPE
- Jean-Marie Le Pen, de bonheur, en tirant trop fort sur une crotte de nez, s'est déboîté l'œil gauche.

DICTON
PÉNÉLOPE
- L'homme qui avait pris l'habitude de se secouer le poireau devant les fenêtres de ses voisins s'est coincé le chibre entre les barreaux de son balcon.
Il a fallu un pompier pour débloquer le malheureux.
Le détraqué sexuel passera ses vacances derrière d'autres genres de barreaux. D'aillleurs, ne dit-on pas : "Couilles au balcon, Pâques au ballon"

MOSCOU N'A PAS FINI DE NOUS ÉTONNER
MAURICE
- A peine cent personnes se sont rassemblées devant le Mausolée de Lénine, sur la Place Rouge, pour commémorer le 68e anniversaire de la mort du père de la révolution bolchévique.Rappelons que l'entrée est gratuite, ce

qui représente huit fois le salaire mensuel d'un ouvrier soviétique.

ACCIDENT BÊTE
MAURICE
- 12 morts et 247 blessés à Jouy-en-Josiane dans le Bas-Rhin, dans l'accident de l'autocar fou qui a traversé le village avec un entonnoir géant sur la tête en criant : "Youpi, je suis une saucisse !"

VOCABULAIRE
MAURICE
- Dorénavant, on ne dira plus : "le chien a chié sur la moquette du salon" mais on dira : "Je ramasse pas "

SPORT
MAURICE
- En F1, contrairement à son père, le jeune Paul Belmondo se fait doubler.

LE VENDREDI

PRISE DE TÊTE
MAURICE

- Combien faut-il de brins d'herbes à la vache pour faire un verre de lait ?
Combien faut-il de litres d'essence à un tracteur pour retourner un bout de terre qui donnera assez de blé pour remplir une cuillère à soupe de farine ?
C'est la poule qui a fait l'œuf ou l'œuf qui a fait la poule ? Mais dans ce cas, d'où vient le coq et à quoi sert-il ?
Combien faut-il de litres d'eau de mer pour faire une pincée de sel ? C'est à la suite de ces nombreuses questions que Bernard-Henri Lévy s'est retourné le cerveau en faisant des crêpes.

JUSTICE
MAURICE
- Rika Zaraï perd son procès après son inculpation de "complicité d'exercice illégal de la pharmacie".
Il faut donc s'attendre à la sortie prochaine de "Sans chemise, sans pantalon" version rap.

LES GENS
MAURICE
- Le président François Mitterrand a invité quelques amis à manger chez lui. Au menu, du thon pour Chevènement, pour Rocard du poulet, et pour Georgina, du foie.

EN BREF
PÉNÉLOPE
- Les créateurs de mode, cette année encore, ont été omniprésents : ce n'était plus que Dior par ci, Lacroix par là, Givenchy partout.

CAPITALE
MAURICE
- L'association "Les villes à une heure de Paris" s'est constituée récemment à Orléans. Cette association regroupe toutes les villes se situant à 200 mètres de la capitale. Thème du premier débat : "Y a-t-il une vie après le Pont de Sèvres ?

SUPER-PROMO

PÉNÉLOPE

- Air Inter lance un nouveau tarif “Spécial Jeunes”. Un exemple : 220 francs l'aller-retour Paris-Nice. Deux conditions à remplir : avoir moins de 11 ans et voyager dans sa valise en soute.

SACRÉ YANNICK

MAURICE

- La direction de TF1 productrice du dernier clip de Yannick Noah a présenté un petit extrait de la chanson “Saga Africa” chez PPDA. Alors, ça ressemble à la lambada qui a déjà trois ans d’âge. Y a du cul, des Blacks, des Blancs. Tout ça paraît juste avant les vacances, c’est bien réglé, bien huilé, manquerait plus que vous n’achetiez pas. Rien que pour voir leur gueule.

PÉNÉLOPE

- Oui, Yannick Noah sort un disque, mais pas un disque contre la faim. Non, non. Tous les sous c’est pour lui. A moins bien sûr que le disque ne marche pas et dans ce cas, pour la promotion, il faudra reparler un peu de famine.

MAURICE

- Michel Gradouble fêtait au bar “Le Royal”

les cinq ans d'existence du "Courrier des éponges", le journal interne du "Club des buveurs de rouge au nez mauve". A cette occasion, une plaque commémorative a été scellée de travers.

RIONS UN PEU

PÉNÉLOPE

- Vous connaissez l'histoire de Douyou ?

MAURICE

- Non...

PÉNÉLOPE

- Alors c'est Douyou qui va en Angleterre. Il prend l'avion. Il s'asseoit dans l'avion et manque de chance, il y a un clou qui dépasse de son siège. Ça lui fait mal.
L'hôtesse s'approche de lui, et lui dit : "Do you speak English ?"
Et il répond : "Non, Douyou s'pique les fesses".

DÉCLARATION

PÉNÉLOPE

- On apprend qu'Edith Cresson a déclaré qu'un Anglais sur quatre est homosexuel. Alors, dans les Beatles, c'est lequel qui mordait l'oreiller ?...

JOLIES COULEURS
PÉNÉLOPE
- Jean-Marie Le Pen, le leader du Front National, a déclaré :
"Je n'ai rien contre les gens de couleur. A condition, que ce soit de jolies couleurs : le rose, le blanc..."

ÉLECTIONS EN ALGÉRIE
MAURICE
- Le Front islamique du salut a fait poser des voiles sur les urnes qui comportent, rappelons-le, une petite fente dans laquelle les hommes mettent leurs doigts.

A MÉDITER
PÉNÉLOPE
- Rappelons la phrase de Pierre de Coubertin :
"On a le droit de se battre dans les tribunes, mais pas sur la pelouse..."

BONNE NOUVELLE
MAURICE
- Hier, c'était la fête de la Musique. Tout le monde pouvait descendre dans la rue pour jouer de la musique. Le ministre des Transports envisage de proposer la fête des taxis. Les gens pourront descendre dans la rue et il y aura plein de taxis qui iront dans la direction qu'on veut.

Pénélope
- Formidable, c'est prévu pour quand ?

Maurice
- Pour 2074.

LE SAMEDI

TCHERNOBYL
MAURICE
- Les mutations génétiques continuent : une femme-tronc de 10 mètres d'épaisseur a été attaquée par un crocodile de 45 m. Elle n'a du son salut qu'à un réflexe de son fils. Celui-ci a assené au saurien un gros coup de palme sur la tête arrière gauche.

INCROYABLE
MAURICE
- L'extra-terrestre en fer, avec des roues que l'on a vu sur les Champs-Elysées, coincé dans un distributeur de billets, n'était autre qu'un représentant de chez Citroen qui avait tenté de faire rentrer sa visa dans la fente.

SPORT

PÉNÉLOPE

- Une petite déclaration de Laurent Fignon : “Je peux tout plaquer sur un coup de tête et notamment ma mèche.”

GROS BONNET

MAURICE

- Ça y est, aujourd’hui, c’est l’ouverture des 16es jeux Olympiques d’hiver à Albertville…

PÉNÉLOPE

- Maurice, pourquoi avez vous mis ce chapeau ridicule ?

MAURICE

- C’est pas un chapeau, c’est un bonnet.

PÉNÉLOPE

- Ne jouez pas sur les mots, Maurice.

MAURICE

- Pour suivre la mode.

PÉNÉLOPE

- Quelle mode ?

MAURICE

- Ben la mode des journalistes qui présentent les jeux Olympiques d’hiver.

Pénélope
- Mais Maurice, ils sont dans la neige, c'est normal. Vous vous êtes en studio.

Maurice
- Non, non, non ! J'ai vu Henri Sannier, hier soir, il était en studio. Il transpirait comme un bœuf dans son gros pull jacquard.

Pénélope
- En plus, y'avait plein d'erreurs de magnétos, des micros qui ne marchaient pas, tout ça…

Maurice
- C'est le réalisateur, il avait des moufles.

Pénélope
- Allez, enlevez votre bonnet, et éteignez cet appareil à raclette qui pue…

En bref
Maurice
- Le "Petros", un cargo battant pavillon maltais, avait une voie d'eau. Le porte-hélicoptère Jeanne d'Arc a entendu la voie et l'a sauvé.

Une grosse affaire
Pénélope
- Derniers rebondissements de l'affaire

Urbatechnic : c'est en fait Claude Bez qui a mouillé le juge Jean-Pierre en téléphonant à Alain Juppé l'adresse d'Henri Nallet et gêne Bernard Tapie qui lorgne, en ce moment, en direction de la mairie de Lyon puisqu'entre Michel Noir et son gendre, il y a des espions à la solde de Giscard, pendant que...

MAURICE

- Merci, Pénélope, c'est bon là... Je vois qu'il y a encore quatre pages... Et puis, c'est samedi que la Vache qui rit a été parachutée au nord de l'Irak en chantant : "Un gros kurde, un petit Kurde, c'est l'heure de l'apéri-kurde..."

CONTREPÈTRIE

PÉNÉLOPE

- "Je suis arrivé à pied par la Chine" n'est plus une contrepètrie mais bien une réalité, grâce à Monsieur Marcello Pipo, marchand de frites à la Foire du Yrône, qui a réussi hier à véritablement chier par la pine.

DÉCOUVERTE MÉDICALE

MAURICE

- Le professeur Robert Gallo signale au professeur Montagné que le virus du sida américain n'est pas le même que le français. Il roule dans de grosses cellules, il mange des burgers et il est nettement plus gros.

Que sont-ils devenus ?

Maurice

- On en a beaucoup parlé à une époque, et subitement plus rien... Allez savoir pourquoi. Alors Pénélope, pouvez-vous nous donner des nouvelles de Sadam Hussein ?

Pénélope

- Non Maurice, j'ai oublié mes feuilles dans le taxi.

Maurice

- Ha ben zut alors. Et vous ne vous rappelez pas ce qu'il y avait écrit sur les feuilles ?

Pénélope

- Je vais vous le dire de tête...

En gros ça disait : "Non Maurice, pas de nouvelles. Mais c'est un peu ça, la rançon de la gloire. Star un jour, et le lendemain, une merde." Je vous le fais de tête...

Politique intérieure

Maurice

- Une journée riche pour la politique intérieure, en France. Ainsi, Georges Marchais veut faire le ménage dans le PC. C'est bien un truc de communiste ça, avec le blé qu'il a, il pourrait prendre quelqu'un tout de même.

EN BREF, TOUJOURS

MAURICE

- Pour fêter les récents accords de la protection du pôle Nord, l'équipage du commandant Cousteau n'a pas sucé que d'la glace.

POUR FINIR, ENFIN

PÉNÉLOPE

- Voila Maurice, pour l'essentiel de l'actualité de ces cinq années.

MAURICE

- Merci Pénélope. Prochain point, dès qu'on a du nouveau.

La rédaction reste sur le coup

Table des matières

Le "J.T.N." a été présenté de septembre 1987 à juin 1988 dans "Nulle Part Ailleurs".

"L'ÉDITION" a été présentée d'octobre 1990 à mars 1992 dans "Les Nuls, l'Émission".

Ce livre a été écrit avec la complicité de
Christian Borde, Arnold Boiseau,
Jean-Marie Gourio et Alexandre Pesle.

Merci à Robert Batistini, Yannick Etienne,
Béatrice Cousson, Mathilde Silvéra,
Arnaud Lemoigne, Christine Touchard,
Frédérique Demaistre et Hervé Desinge
pour la réalisation de ce (...) chef-d'œuvre.

Des mêmes auteurs :

LES NULS, LE LIVRE
Canal+ Éditions / Albin Michel

Conception graphique
de Christian Gaudin

Flashage
Edicompo – Paris 11e

Achevé d'imprimer en novembre 1992
sur les presses de l'Imprimerie Jean-Lamour
à Maxéville-Nancy. Pour le compte
de Canal+ Editions / Albin Michel

Dépôt légal décembre 1992.
N° d'édition 10195